만일 해리포터가
삶을 바꿀 수 있다면

지혜에 이르는 글 읽기, 삶 읽기

일러두기

· 이 책은 저자가 공부집단 '현현당'에서 실시한 '해리포터 같이 읽기' 강의를 바탕으로
  내용을 보충하고 정리해서 출간한 것입니다.

· 본문의 인용부는 국내판 해리포터 연작〈전 7권〉개정판(문학수첩, 2014)을 참조했음을 밝힙니다.
  『해리포터와 마법사의 돌』(김혜원 옮김)
  『해리포터와 비밀의 방』(김혜원 옮김)
  『해리포터와 아즈카반의 죄수』(김혜원 옮김)
  『해리포터와 불의 잔』(김혜원 · 최인자 옮김)
  『해리포터와 불사조 기사단』(최인자 옮김)
  『해리포터와 혼혈왕자』(최인자 옮김)
  『해리포터와 죽음의 성물』(최인자 옮김)

이제윌 지음

만일 해리포터가 삶을 바꿀 수 있다면

지혜에 이르는 글 읽기, 삶 읽기

항해

〈추천의 글〉

정말로 읽는 것만으로도 삶이 바뀔 책

"읽기는 혁명"이라는 말이 있다. 읽기 시작했을 때의 나와 다 읽고 책을 덮었을 때의 나 사이에 일어난 변화를 혁명이란 말 대신 달리 표현해줄 말이 있을까. 제대로 읽기만 한다면, 단 한 줄의 문장도 혁명일 수 있다. '나를 바꾼 한 마디'라는 제목의 책도 있다.

그런데 이 말은 사실은 "읽기는 혁명이어야 한다"라는 말의 줄임말이기도 하다. 무엇을 또는 어떻게 읽어야 내 삶을 바꿀 만큼 읽을 수 있을까.

독서 또는 읽기에 대해 많은 책이 나왔지만, 이 책만큼 읽기 그 자체를 보여주는 책은 참으로 드물다. 더구나 이 책의 미덕은, 무슨 대단한 고전 명작이 아니라 현재도 많은 사람이 읽고 또는 영화를 보고 잘 아는 이야기를 읽기의 대상으로 삼은 점이다. 제대로 읽었을 때 읽기는 삶을 바꾼다는 것을 독자 스스로 깨닫게 하는 데 이보다 적절한 책이 많지는 않겠다. 동화라고 쉽게 생각해버리는 아이들 이야기책이 얼마나 놀라운가를 덤으로 이해하게 해준다.

사람은 누구나 본질적이고 궁극적인 이야기에 끌리고, 그 이야기를 읽거나 살아내는 방법을 저절로 조금씩은 알고 있다. 그러나 이야기의 씨줄날줄을 가다듬고 퍼즐을 맞춰내는 일이 저절로 되지는 않는다. 읽기가 혁명이 되려면 우리는 읽기에 대해 무언가를 배워야만 한다. 해리포터를 읽은 사람들이 해리와 더불어 성장하기 위해서는, 해리포터에 얽힌 이야기의 비밀을 풀어내는 작업을 해보아야만 할 것이다.

『만일 해리포터가 삶을 바꿀 수 있다면』을 읽다보면, 세 가지를 동시에 알게 된다. 읽기를 혁명으로 만드는 방법과, 이 책을 읽는 일 자체가 바로 혁명이라는 것. 그리고 해리포터 연작이 내 안에서 부풀어올라 나를 살찌우는 경험.

해리포터 연작을 읽고 자란 어른들이 이 책을 읽게 되었을 때 동그랗게 눈이 커질 것을 상상하니 즐겁다. 그런 다음 다시 아이들과 함께 해리포터를 읽게 된다면 무슨 일이 일어날까를 상상하니 기쁘다.

노혜경 (시인)

차례

1부 무엇을 읽을 것인가?

읽는다는 것   12
이야기라는 것   16
이야기를 찾는 읽기   26
제목을 읽기1   30
제목을 읽기2   37
헌사를 읽기   41

2부 해리포터 이야기 속의 이야기

해리포터와 마법사의 돌
보라, 시작한다   48
소망의 거울   61

해리포터와 비밀의 방
우정의 범위를 확장하기   72
우리의 진정한 모습은   81

해리포터와 아즈카반의 죄수
비극을 향한 채찍질   96
두 발을 번갈아 딛는 이야기1   100
두 발을 번갈아 딛는 이야기2   112

해리포터와 불의 잔

해리라는 맥거핀	130
인물을 볼 때	139
관계를 읽기	146
세부 사항을 읽기	153

해리포터와 불사조 기사단

황홀한 세계로	162
미리 던지는 물음들	168
인물과 사건 사이의 길항 관계	176
격돌	188

해리포터와 혼혈왕자

어둡고 느리고 맥박 뛰는 이야기	200
선을 이루는 세 가지 힘	204
인간의 연약함	208
실천을 위해 명심해야 할 것	213
부득이不得已, 어쩔 수 없는 것	221

해리포터와 죽음의 성물

모으며	230
풀며	234
해리포터 연작을 이끄는 숨은 원리	244
아버지들	250

마치며	261

머리와 가슴으로
너의 손발로,
세상과 함께
읽고 쓰기를

— 이야기하는 친구가

글자의 느낌을, 말과 글의 맛을 경험하세요.
뜻을 몰라도 상관없습니다.
아무런 이해 없이도 그냥 계속 읽어나가세요.
그러다가 보면 오래 알고 지낸 친구를 만나듯
마침내 그 말들을 서걱거리지 않고 부드럽게
끌어안을 수 있게 될 겁니다.

1부
무엇을 읽을 것인가?

읽는다는 것

    글을 읽는다는 것은 글이 아닌 것을 함께 읽는 것입니다. 전통적으로 독서는 글 읽기를 기초로 삼되, 글을 딛고 세계를 읽는 행위였습니다. 다시 말해 독서는 세계를 향한 통로이자 문인 셈입니다. 책은 그 문을 여는 열쇠이고요. 그럼에도 특히 명성이 자자한 책일수록, 책 자체가 매우 귀중하게 취급되었습니다. 열쇠가 중요한 것은 그것으로 문을 열 수 있기 때문인데, 어느 틈엔가 열쇠의 생김새며 재질이며 촉감이며 무게에 더 관심을 갖고, 심지어 열쇠에 덕지덕지 붙여놓은 갖가지 노리개와 그에 대한 설명이 더 중요해지는 지경에 이른 거지요.

    다른 일을 할 때, 사람들은 그저 그 일을 할 뿐이지만, 유독 책을 읽을 때는 이를 완벽하게 해내야 한다는 일념과 압박을 느낍니다. 그 탓에 책의 본질이 아닌 다른 것에 매달리게 되지요. 그렇게 함으로써 정작 글과 함께 읽어야 할 '글이 아닌 것'은 구경조차 못하는 일이 많습니다.

예를 들어, 만약 여러분이 『바가바드기타』를 읽고 싶은데 그 말들이 낯설어 이를 해설하는 강연을 들으러 가거나 관련 도서를 구입해 읽는다면, 틀림없이 그것들은 『바가바드기타』를 읽게 하는 대신 이를 둘러싼 일종의 해석사를 들려줄 겁니다. 그런 걸 섭취하다 보면 얼마 지나지 않아 『바가바드기타』란 도저히 읽을 수 없는 어려운 책이라는 결론에 다다르게 되겠지요.

저는 무엇을 읽든지 실은 늘 단 한 권의 책만을 읽어왔습니다. 궁극적으로 모든 책은 이 단 한 권의 일부입니다. 즉 모든 책은 이 책에 이르는 경로이자 창窓입니다. 저는 이 책을 '끝의 책'이라고 부릅니다. 끝의 책은 곧 세계世界입니다(신神이라고 해도 좋겠지요).

저는 세계를 읽습니다. 그렇지 않다면 책을 읽어서 무엇할까요? 우리는 현재에서 점점 과거로 살아가는 게 아니라 미래를 살아갈 텐데, 책은(몇몇 책은 예언서라고 주장하지만) 늘 종결된 것을 기록하잖아요? 어떤 고민과 제안이 열린 것이라고 해도 열려 있는 그 자리는 누군가 잇지 않으면 그저 '열린 끝' 입니다. 건축물에서 열린 끝은 다시 잇지 않으면 그냥 그대로 결말인 겁니다. 그러므로 이 고민과 제안이 초대일 수 있고, 바통을 넘기려는 시도일 수 있지만, 수령자가 없으면 아무튼 종결되기 마련입니다. 다만 책으로 쓰이지 않은 무수한 사건들과 달리, 책으로 쓰인 사건은 그 종결 상태가 영생을 얻어서 언제고 다시 시작될 여지를 갖습니다. 책은 이처럼 '생명의 보관자'입니다.

이 글을 읽는 여러분은 어쩌면 그동안 책을 즐겨 읽지 않았을지도 모릅니다. 그래도 괜찮습니다. 저는 그동안 여러분이 비와 바람을 맞고, 햇살을 쬐고, 물에 발을 담그고, 흙을 묻히고, 땅을 박차는 것을 무척 좋게 바라보았으니까요! 어디서 지켜보았느냐고요? 그건 중요하지 않습니다. 중요한 것은 여러분이 한 그 행위가 최초의 독서요, 맨 마지막 독서라는 점입니다.

독서라는 행위는 아무런 글도 없고 어떤 말로도 변환되지 않은 세계 자체, 즉 태초의 말씀으로 지어진 세계 자체를 경험하는 일에 바탕을 두고 있습니다. 하늘을 나는 새도 언젠가는 튼튼한 다리로 가지에 내려와 앉아야 하는 것처럼, 메마른 대지에 잎과 가지를 덮어 둥지를 짓는 행위가 바로 독서입니다. 그러므로 우리가 올바른 독서를 한다면 맨 처음 여러분은 '경험할 것'이고, 그다음 '생각할 것'이고, 그다음 '살아갈 것'입니다. 독서는 행위와 앎 사이에 생각이 끼어들 여지를 만들어줍니다.

세계에서 출발하든 문자로 된 책에서 출발하든 상관없습니다. 어느 곳에서 시작하든 여러분이 먼저 그것을 '경험'하는 게 중요합니다. 글자의 느낌을, 말과 글의 맛을 경험하세요. 뜻을 몰라도 상관없습니다. 여러분은 먼저 경험해야 합니다. 아무런 이해 없이도 그냥 계속 읽어나가세요. 그러다가 보면 여러분은 오래 알고 지낸 친구를 만나듯 마침내 그 말들을 서걱거리지 않고 부드럽게 끌어안을 수 있게 될 겁니다. 그때부터는 체하지 않고 들이마시게 되겠지요.

지금까지 '읽는다는 것'에 대해 두 가지 이야기를 했습니다. 첫째, 글을 읽으면 늘 글 밖의 것들을 함께 읽게 되는데, 그것은 궁극적으로 세계 혹은 신을 읽는 일이라는 것. 둘째, 우리가 어떤 글을 읽든 시작은 '경험'을 통해 읽는 것이라는 점입니다. 우리, 여기서부터 시작합시다.

이야기라는 것

　글을 읽으면 함께 읽히는 게 있다고 했습니다. 우리가 함께 읽는 것은 무엇일까요? 혹은 이를 무엇이라고 불러야 할까요? 아리스토텔레스는 『시학』을 쓰면서 한 편의 시(희곡)를 쓸 때 사용되는 여섯 가지 요소를 분류했습니다. 그중 하나가 뮈토스mythos인데, 오늘날 영미 문학에서 플롯plot, 즉 구성構成이라는 말로 곧잘 번역합니다. 만만치 않게 자주 쓰이는 번역어로는 스토리story, 즉 '이야기'가 있습니다.
　뮈토스는 단순하게 신화myth라고 해석하는 경우가 많습니다. 이는 우리보다 조금 앞서 서구 문화를 받아들인 일본 학자들의 번역을 따르는 것입니다. 한자를 공유하는 한·중·일 세 나라가 이 번역을 함께 쓰고 있습니다. 근대의 정신이 워낙 갈래짓는 데 열심이어서, 뮈토스 또한 처음 뜻대로 이야기 일체를 가리키는 대신 아주 오래된 이야기들, 이를테면 태초의 창조 이야기나 신들의 이야기, 신에 가까운 영웅들의 이야기를 뜻하게 되었습니다. 곧 '신화'라는 좁은 틀에 갇힌 겁니다. 그러니 아리스토텔레스가 쓴 뮈토스의 개념을 신화에 한정 짓기보다는 아직 우리가 발견하지 못한 다른 이야기, '이야기보다 깊은 이야기'라고 생각해보아도 좋을 겁니다.

해리포터는 전적으로 '이야기의 힘' 그러니까 뮈토스에 기댄 작품입니다. 그럼 여기서는 아리스토텔레스가 뮈토스에 대해 남긴 이야기를 잠깐 들어보겠습니다.

비극은 행동의 재현이고 그 행동의 주체는 행동하는 등장인물이며, 이들은 반드시 성격과 사상의 측면에서 일정한 특징을 지니고 있으므로(실제로 우리는 성격과 사상을 통해 그들 행동의 품격을 판단하며, 행동에는 사상과 성격이라는 두 가지 자연적인 원인이 있다. 그렇기 때문에 사람들이 성공하거나 실패하는 것도 바로 그들의 행동을 통해서이다), 줄거리는 바로 행동의 재현이며(나는 여기서 '줄거리'를 사건들의 조직이라고 말한다), 성격은 행동하는 등장인물들의 품격을 판단하게 해주고, 사상은 말을 통해 어떤 주장을 내세우든지 준칙을 진술하면서 드러나는 모든 것이다.

따라서 모든 비극은 반드시 여섯 가지 부분을 포함하고 있으며 그에 따라 비극으로서 특징을 얻게 된다. 줄거리·성격·표현·사상·볼거리·노래가 그것이다. 실제로 그 가운데 두 가지는 재현의 수단, 하나는 방식, 세 가지는 대상이며 그 외에는 다른 것이 없다(어쨌든 많은 시인들이 이를테면 이러한 특유의 구성 요소들을 사용했다). 볼거리는 성격·줄거리·표현·노래 그리고 사상까지 전부 포함하는 것이다.

 이 요소들 가운데 가장 중요한 것은 사건들을 조직적으로 배열하는 것이다. 실제로 비극은 사람을 재현하는 것이 아니라 행동과 삶과 행복(불행 역시 행동 속에 들어 있다)을 재현하며, 비극이 겨냥하는 목표는 행동이지 성품이 아니다. 인간의 이런저런 성품은 성격에 따라 결정되지만, 행복한가 아닌가는 그들의 행동에 따라 결정된다. 따라서 그들은 성격을 재현하기 위해서 행동하는 것이 아니라 행동을 통해서 그들의 성격이 드러나는 것이다. 그러므로 사건과 줄거리가 바로 비극이 겨냥하는 목표이며, 언제나 목표가 가장 중요하다. 〈『시학』(펭귄클래식코리아, 2010) 참조〉

 사실 그렇습니다. 우리가 비극적 사건을 접하고 비감이 서려 통렬한 감정을 느끼는 데는 행동 즉, 사건 자체만으로 충분합니다. 거기에 다른 양념을 쳐서 맛을 돋울 수 있겠지만, 본래는 사건만으로, 행동만으로 충분합니다. 텔레비전 뉴스에서 차에 탄 일가족이 교통사고로 모두 죽었다고 보도하면 우리는 그들이 평소 좋은 사람들이었는지 나쁜 사람들이었는지 여태껏 어떻게 살아왔는지 묻지 않습니다. 그들이 우리와 어떤 관련을 맺었던지도, 어떤 관련을 맺을 것이었는지도 중요치 않습니다. 이런 모든 요소와 상관없이 이미 우리는 즉각적으로 그 비극성을 체험합니다. 이야기란 그렇습니다.

그런가 하면 아리스토텔레스는 '줄거리'란 사건들을 조직적으로 배열하는 것이라고 했습니다. 비극은 사람(성품)이 아니라 행동을 재현한다고도 했습니다. 바로 그 행동에 행불행이 달리는 것입니다. 철학자 루트비히 비트겐슈타인은 『논리철학논고』를 이렇게 시작합니다.

세계는 사실들의 집합이 아니라 사건들의 집합이다.

사실 이것으로 세계의 비극성 또는 극이 세계를 반영할 경로가 충분히 밝혀졌습니다. 그러므로 사건을 제외한 나머지는 열성적 문학 애호가에게 중요한 요소이지 문학의 일상적 임무를 다하는 데는 본질적이지 않습니다. 문학은 이야기로 남을 것이고, 이야기로 전해질 것입니다. 이야기는 여러 사람을 만나 살이 붙고 매번 독특한 호흡으로 재현될 것입니다. 누군가 그것을 구술할 때뿐만 아니라 사람들이 활자를 읽을 때마다 그렇겠지요.

    그럼에도 구비문학에 비해 문자문학에서 구체적 표현이 더 확고하게 고정됩니다. 구비문학에서 자유롭게 덧입혀지고 늘어나거나 줄어들고, 심지어 전혀 다르게 바뀌던 세부 표현들이 일단 필사되어 활자로 박히면 원문의 아우라로 자신을 차별하여 높이고, 그 문장을 유지하고 복제하려는 경향을 보입니다. 바야흐로 이야기에 이어 '문장'의 시대가 찾아왔습니다. 그렇다고 이야기의 시대가 끝난 건 아닙니다. 그저 이야기 시대의 한 왕조가 시작된 것뿐입니다. 여전히 인간은 이야기와 마주쳐 자신을 새로 이해하며, 자기 존재를 생산합니다. 우리가 인간인 채로라면 변함없이 이야기를 읽고, 다시 쓰는 시대가 이어질 것입니다.

    뮈토스는 이야기로서 로고스Logos나 에토스Ethos나 파토스Pathos로도 설득하지 못하는 것들을 설득해냅니다. 사물의 틀 자체를 바꾸고, 새로운 규칙을 부여함으로써 설득해내는 것이지요. 사실 구구절절한 설득이 필요하지도 않습니다. 일단 우리가 이야기에 올라타면, 피가 몸속을 돌 듯, 이야기는 몸속을 흐르고 이끌고 채웁니다. 하나의 이야기는 그 자체로 정당합니다. 마치 도덕 판단을 넘어서는 신처럼 말이지요.

그렇게 우리는 인생을 이야기로 경험하고, 이야기로 체현해내려고 애씁니다. 다른 수도 없습니다. 아마도 우리네 신이 이야기하는 까닭, 그리고 이야기되는 까닭과도 같을 것입니다.

그렇다면 이야기는 대체 어디서 오는 것일까요? 어떤 사건이 벌어지면 그에 대한 이야기가 연달아 나오는 것일까요? 아니면 특정한 이야기 틀이 있어서 거기에 어울리는 사건이 벌어지면 그게 틀 속으로 스며들어, 비로소 입에서 입으로 전해져 우리가 듣는 이야기가 태어나는 것일까요? 이도 저도 아니라면, 마치 옷을 짓기에 앞서 종이에 본을 그려서 떠보듯, 본이 되는 이야기, 저 '깊은 어떤 이야기'가 존재하는 것일까요?

토머스 불핀치가 도서관 사서로 일하면서, 그리스의 여러 신화를 묶어 『그리스·로마 신화』라는 책을 냈을 때, 여기에는 '그리스와 로마의 이야기들'이라는 뜻보다 더 큰 뜻도 작은 뜻도 없었을 것입니다. 다만 후에 나올 다른 이야기의 근간이 될 만큼 생명력 있는 이야기가 살아남아 옛이야기라고 불릴 기회를 얻었다고 할 수 있을 겁니다.

태초의 이야기란 특정 개인이 지어낸 것이 아니라 여러 명이 함께 만들고 고쳤을 것이고, 그렇게 하나 혹은 여러 꼴로 전해지는 과정에서 삶에 기반한 보편적 감성에 호소할 수 있도록 이야기가 다듬어졌을 것입니다. 우리가 지금 신화라고 부르는 이야기들을 우리 선조들은 그냥 '옛이야기'라고 했을 테지요. 무슨 까닭인지 아무리 봐도 허무맹랑한 그 이야기들이 그럴싸한 것으로 여겨져서 집단 안에서 살아남고 우리의 공통 자산이 된 겁니다.

우리의 말에는 마음대로 지어낼 수 있는 것과 마음대로 지어낼 수 없는 것, 두 가지가 있습니다. 앞의 것은 '상상의 이야기'이고, 뒤의 것은 '사실의 이야기'입니다. 사실의 이야기는 살짝 꾸미는 순간 거짓이 탄로납니다. 그런데 재미난 건 마음대로 지어낼 수 있다고 한 상상의 이야기에도 실은 제약이 있다는 것입니다. 한 번 말해지고 마는 것으로서야 무슨 말이든 할 수 있겠지만, 그렇게 발화된 말은 더는 퍼지지 않고 듣는 이의 마음을 사로잡지 못할 뿐 아니라, 말한 사람조차도 얼마 지나지 않아 잊게 됩니다. 이상한 일 아닌가요? 우리는 그 이야기가 어떤 이야기인지에 따라 마음으로 받아들이기도 하고 내치기도 합니다. 이처럼 이야기를 선별하는 행위는 일부러 할 것도 없이 저절로 일어나는 일 같습니다. 사람마다 방법은 조금씩 달라도 다들 이런 행위를 하고 있는 듯 보입니다.

이렇듯 이야기란 사람의 마음속 무언가와 어울려야만 수락됩니다. 이렇게 제대로 수락되었을 때 이야기에 힘이 생깁니다. 강이나 바람이 제 길대로 흐르듯, 이야기에도 자기 줄기가 있고 자신의 결이 있습니다. 낯설고 복잡한 이야기라도 어떤 이야기는 어느새 우리의 생각이 그 뒤를 좇게 만드는가 하면, 어떤 이야기는 우리가 뒤따를 수 없도록 막아서거나, 우리를 훨씬 앞질러서 사라져버리기도 합니다. 이야기란 마치 생명을 가진 것 같지 않나요?

궁극적으로 이야기는 '사람의 것'입니다. 따라서 이야기가 사람에게 수용되기 위해서는 인간의 체험과 감각을 따르거나, 인간의 생각과 마음의 흐름을 따라야 합니다. 어느 한쪽은 충족시켜야 한다는 말이지요.

신화가 이야기 중의 이야기로 남은 것은 비단 그것이 뛰어나서뿐만 아니라, 여러 사람의 입을 거치며 이야기의 꼴과 그 속에 담긴 바가 결정되었기 때문입니다. 그 결과 어쩌면 자연스럽게 가장 뛰어난 것들이 가장 뛰어난 꼴로 살아남은 것이 아닐까 생각합니다. 그래서 우리는 신화를 읽으면서 곧장 그 이야기 속 영웅의 승리와 패배, 고난과 슬픔에 공감하고, 어느새 내가 이야기 속의 그가 됩니다.

현대의 작가들은 이 같은 이야기의 본래 기능을 되살리고 되쓰는 이들입니다. 물론 삶이 바뀌고 생각이 바뀐 만큼 우리는 새로운 이야기를 필요로 하지만, 우리가 인간이란 것은 예나 지금이나 변함없는 사실이므로 이야기되는 방식에는 여전히 변치 않는 지점이 있습니다. 이 불변의 신비를 캐서 비평하거나 새롭게 창작하는 일이 전문가의 몫이라고 했을 때, 그렇다면 우리 '읽는 이'들은 무엇을 해야 할까요, 혹은 무엇을 알아야 할까요?

우리가 무엇을 읽든, 일단 그것이 '이야기가 된다'는 걸 기억해주세요. 한 토막의 말을 들어도 '말이 되네'라거나 '말도 안 돼'라고 외치는 모습을 떠올려보세요. 살면서 그런 경험이 있었을 것이고, 다른 사람이 그렇게 말하는 모습도 많이 보았을 것입니다. 오늘날 우리가 접하는 많은 성공한 이야기들은 그 안에 담긴 내용이 '말이 된다'고 여겨진 것들입니다. 기상천외하든 불편하든 그건 둘째 일입니다. 우리가 몸이 기우는 것을 느끼고, 밝고 어두운 것과 마르고 촉촉한 것을 구분하듯, 우리는 어떤 이야기가 맞는 이야기인지 그렇지 않은지 감별하는 감각을 지니고 있습니다. 물론 다른 감각들처럼 더 발전시킬 수도 있고요.

이 책에서는 해리포터 연작을 읽어가며 그 감각을 좇아보겠습니다. 영화로도 만들어졌으니까 영화를 먼저 보아도 좋고, 흥미가 있다면 영어로 된 원서를 읽어도 좋습니다. 번역본을 읽는 것은 물론이고요. 무엇을 읽어도 좋습니다. 우리가 읽으려는 건 단지 말글이 아니라 이야기니까요. 우리가 읽게 되는 것 또한 이야기고요.

이야기를 찾는 읽기

지금까지 책은 작정하고 앉아서 천천히 집중해서 읽어야 한다고 배워왔을 겁니다. 꼭 그러지 않아도 됩니다. 우리가 누군가의 이야기를 들을 때, 그 이야기에 아무리 집중하더라도 말뜻 하나하나를 알기 위해 상대가 말하는 걸 끊지는 않습니다. 노래를 들을 때도 자꾸 멈추고는 내가 이 한 마디를 잘 알아들었는가, 내가 이 한 음을 정확히 이해한 건가, 이 음은 대체 왜 쓰였고 무슨 뜻이 있는 걸까 하고 일일이 확인하지 않습니다. 아마 정말로 그 노래를 잘 알고 싶다면, 먼저 여러 번 들어보고 그런 뒤 무언가 더 좋거나 걸리는 부분이 있다면 그제야 그 부분을 찾아 되풀이해서 들어볼 겁니다.

책 읽기도 똑같습니다. 나중에 어떻게 읽든, 처음 몇 번은 '통째로' 읽어야 합니다. 책을 읽으라고 하면, 마치 시험에 나올 문제를 찾아서 외우듯 잔뜩 긴장하는 친구들이 많은데, 그럼 저는 아예 '막 읽어라' 하고 조언해주곤 합니다. '막 읽기', 이게 중요합니다.

새로운 사람을 만나거나, 낯선 곳에 여행을 가서 첫인상으로 모든 걸 다 알 순 없습니다. 모든 걸 다 알 필요도 없으며, 심지어 모든 걸 다 알아서는 안 됩니다. 내가 그와 그의 일, 혹은 그곳과 그곳의 일들을 잘 이해하려면, 내가 모른다는 사실을 자연스럽게 받아들여야 합니다. 내가 아니라 '그'가 스스로 드러내는 것들을 찬찬히 바라보고, 모르는 것을 아는 듯 꿰어 맞추지 말고, 아무것도 짜놓지 않은 채로 할 수 있는 한 대상을 있는 그대로 바라볼 때 가장 잘 알 수 있습니다.

그런데 책을 읽을 때는 많은 사람이 무슨 의무라도 부여받은 듯 한 줄, 한 줄을 다 알고 지나가려고 하더군요. 그런 경건주의는 책 읽기에 필요하지 않습니다. 우리는 '모르는 사람'이고, 모르는 사람이 한 번에 저절로 '아는 사람'이 될 수는 없습니다. 따라서 정작 할 일은 점차 아는 사람부터 되는 겁니다. 익숙하고 자주 만나는 사이가 되면, 미처 생각한 적이 없는 것에 대해 질문을 받아도 할 말이 생기지 않나요? 책도 그렇습니다.

단어조차 잘 모르겠다고요? 걱정 마세요. 모어母語를 배울 때, 우리가 뜻을 묻거나 문법의 어형 변화를 외워서가 아니라 그저 친해지면서, 어쩐지 그러한 뜻임을 알고 마침내 알맞게 쓸 줄 알게 되었음을 기억하세요. 물론 사전을 찾아보는 것도 좋은 습관이지만, 연거푸 이 책, 저 책을 읽어 봄으로써 특정 단어의 쓰임새를 깨닫게 되기도 합니다. 또 언제든 질문하는 것을 두려워 마세요.

아는 사람이 되기 위해 그저 막 읽으세요. 아무런 습관도, 어떤 부담도 없이 여러 차례 거듭 읽어보기를 바랍니다. 한 편의 글, 한 권의 책은 한 번에 읽어내려가는 게 좋습니다. 두 권으로 나누어진 책이라면 두 권을 잇달아 읽도록 합니다.

우리가 읽고자 하는 건 엉망진창으로 써서 읽을 것도 없는 엉터리 이야기가 아닙니다. 읽을 만한 이야기, 많은 경우 이미 누군가는 확신을 갖고 사람들에게 추천하기도 한 책들을 말하는 겁니다. 그런 책은 음미할 만큼 잘 쓰였기 때문에, 사람마다 다르기 마련인 취향의 벽을 넘어서 이 마음에도 들고 저 생각에도 들어가 통한 작품입니다. 아무런 지표도 없는 너른 바다에서 방향을 알기 위해 별을 찾듯, 그런 작품들은 이야기의 원형이랄 만한 것을 품고 있어서 책을 읽는 사람에게 고개를 들면 보이는 별자리 같은 역할을 합니다.

처음에는 힘들겠지만, 책 읽기를 계속하다보면 마치 인

생을 오래 산 지혜로운 사람이 삶에 대해 그렇듯, 책을 다 읽기 전에 이미 그 책이 어떨 것인지 미루어 알게 됩니다. 여기서는 그런 이야기를 찾아 읽는 법에 대해 말할 겁니다. 그 시작은, 제목을 읽는 것입니다.

제목을 읽기 1

 책의 시작이 어디라고 생각하세요? 본문? 서문의 첫 문장? 차례? 추천사? 저는 책의 시작은 '제목'이라고 생각합니다. 제목은 저자와 편집자가 특정 책을 어떻게 이를 것인지 고민한 결과이자 책에 대한 최초의 정보입니다. 그 결과 모두가 그렇게 부르기로 한 것이죠. 따라서 제목을 먼저 읽어야 합니다. 제목을 잘 읽으면 이야기 전체를 따라잡는 데 매우 유리한 위치에 설 수 있습니다. 그렇게 이야기와 친해지고 나면 친한 친구끼리 별명을 붙여 부르듯 저마다 이름을 지어 부를 수 있습니다.
 책을 제목부터 읽기 시작하는 것은 단지 제목이 맨 먼저 보이기 때문만은 아닙니다. 구조 혹은 형상forma을 읽기 위해서는 질료materia를 경유해야 하기 때문입니다. 질료나 형상이란 말은 본래 고대 그리스 철학자들이 쓰던 말입니다. 가령 의자가 의자인 이유는 의자의 재료나 모습 때문이 아니라 의자의 기능을 하게 만드는 어떤 형식 때문인데, 이를 형상이라고 부릅니다.

한편 의자라는 형상이 실제로 존재하려면 무엇이든 재료가 있어야 하고 재료에는 질감과 성질이 뒤따르기 마련인데, 이를 질료라고 합니다. 철학자들은 각종 사물은 물론이고 사람이나 (만약에 존재한다면) 천사나 도깨비에게도 형상과 질료가 있을 수밖에 없다고 여겼습니다. 그렇다면 질료나 형상 중 단독으로만 존재하는 것은 없을까요? 질료가 없는 순수형상을 우리는 '신'이라고 부릅니다. 반면 순수질료는 어디에도 없습니다.

좀 어려운 개념이지만 굳이 이런 설명을 하는 이유는, 겉으로 드러난 이야기narrative에서 속 이야기mythos를 찾기 위해 섬세하게 사고하는 데 이 두 개념이 비교적 유용하게 쓰이기 때문입니다.

제목은 질료치고는 형상에 가깝습니다. 상징적이지요. 제목 자체는 아무것도 아니지만 작품과 함께 읽히면서 특별한 뜻을 갖게 됩니다. 존재하지도 않은 '허클베리 핀'이라는 소년의 이름이 책의 제목이 되고 이야기에 등장함에 따라, 세상 사람들이 가장 잘 아는 멋진 소년으로 살아나는 것입니다. 제목이 작품에서 뜻을 부여받았듯, 제목도 작품 전체와 연결되어 의미를 부여하기 시작합니다.

완성되기 전의 작품이라면 제목은 작품을 쓰는 데 영향을 주고, 완성된 작품을 읽는 이는 어쩔 수 없이 제목을 의식하면서 문장을 읽게 됩니다. 그러니까 제목 짓기는 어쩌면 작품을 쓰는 것과 맞먹는 무거운 과제입니다. '시작이 반'이라는 속담이 있는데, 조금 과장하자면 독서에서는 '제목이 반'입니다.

세상에서 인정을 받은 좋은 책들은 제목이 좋은 편입니다. 그런 제목들은 독자를 한참 다른 곳으로 유인해서 의표를 찌르기도 하고, 작품을 고스란히 드러내 보이기도 합니다. 어느 쪽이든 읽는 내내, 혹은 다 읽은 뒤에라도 독자의 고개를 끄덕이게 만듭니다. 그런 면에서 해리포터 연작은 매 편마다 썩 괜찮게 제목을 지었다고 생각합니다. 사건을 중심으로, 그 사건을 일으키거나 사건의 주위를 맴도는 사물(혹은 인물)을 제목에 담았을 뿐 아니라, 그렇게 담긴 것들이 전개되는 이야기를 잘 상징하기 때문입니다.

다시 강조하지만, 제목이 책의 일부라는 사실을 절대 잊지 마세요. 많은 사람이 제목은 곧바로 잊고 본문만을 읽습니다. 간혹 가다가 읽는 이를 속이는 제목도 있지만, 그럴 때조차 제목은 책에 대한 온전한 이해를 돕습니다.

'마법사의 돌'이라는 제목을 예로 들어볼까요? 마법사의 돌은 연금술에서 가장 중요하게 여기는 것 중 하나입니다. 고대로부터 연금술은 흔해빠진 광물에서 변하지 않는 금속, 즉 금을 얻기 위한 기술을 탐구해왔습니다. 비록 연금술 자체는 실패했고 현대 과학에서는 한 원소를 다른 원소로 바꾸는 건 불가능하다고 보지만, 그 과정에서 진행된 다양한 실험은 오늘날 화학 발전에 크게 이바지했습니다.

다르게 생각해보면, 사람에게 그럴 만한 힘이 없을 뿐, 하나의 원소를 다른 원소로 바꾸는 일은 우주 탄생 때부터 모든 별들이 해온 일입니다. 그래서 오늘날 우주에는 100가지도 넘는 원소가 존재하는 것이고요. 따라서 연금술사들의 생각은 '그럴 듯했으나, 실현이 어렵다'는 점에서 정말로 순수한 꿈이었다고 말할 수 있습니다.

아무튼 연금술사들은 마법사의 돌이 다른 금속을 금으로 바꾸어줄 수 있다고 믿었습니다. '누가 그걸 드디어 만들었다더라, 지금은 누구 손에 있다더라' 하는 소문이 여러 차례 퍼졌고, 사람들은 이런 소문에 두려워하기도, 설레고 궁금해하기도 했습니다.

마법사의 돌은 본래 철학자의 돌Philosopher's Stone이라고 부릅니다. 철학자를 뜻하는 필로소퍼philosopher는 '지혜를 사랑하는 사람, 즉 현자賢者를 일컫습니다. 따라서 마법사의 돌은 '현자의 돌'입니다. 지혜를 뜻하는 고대 그리스어 '소피아sophia'는 영리하거나 약삭빠름을 뜻하지 않고 '진리에 닿는 지식과 사고'를 가리킵니다. 그러므로 지혜를 사랑하는 사람은 곧 진리를 사랑하는 사람입니다. 어떤 사람이 지혜를 사랑한다면 지혜가 그를 진리에 데려다주기 때문일 겁니다. 참고로 **마법사의 돌**이 미국에서 출간될 때는 제목에 Philosopher 대신 Sorcerer를 썼습니다. 이 말 또한 현자를 뜻합니다. Sorcerer의 어원은 멀리 그리스어 마고스 $μάγος$에서 왔는데, 현명한 사람, 지혜로운 사람, 특별히 점성술과 꿈을 해석하는 법을 훈련받은 사람을 가리켰습니다. 그들은 하늘과 신들의 뜻을 읽어 전하는 이들이었고, 그들이 알고 전하고 쓰는 것을 가리켜 마게이아 $μαγεία$, 즉 매직magic이라고 했습니다.

현자의 돌을 단순 소재로만 생각하면 내용을 짐작하기 어렵습니다. 독자들은 자칫 현자의 돌을 찾기 전에 호그와트의 여러 교수가 마련한 방어법에만 집중하게 됩니다. 맨 마지막 관문도 덤블도어의 아이디어니까 그런 방어법 중 하나입니다. 그러나 오히려 이 이야기에서 중요한 점은 마법사의 돌, 즉 현자의 돌이 현자에게 어울리는 방법으로 감추어져 있고, 현자에게 어울리는 방식으로 지켜진다는 점입니다. 그렇게 놓고 보면, **마법사의 돌**은 장차 해리 포터가 지혜로운 마법사가 되기 위해서 무엇을 어떻게 배워나갈 것인지를 보여주는 이야기입니다.

헤르미온느는 '자기보다 네가 더 훌륭한 마법사'라고 말하는 해리에게 '훌륭한 마법사의 조건은 책이나 똑똑함보다 우정과 용기'라고 말합니다. 우정과 용기는 이 작품에서 헤르미온느와 론이 보여주는 것입니다. 더불어 헤르미온느는 그녀가 겸양하며 가리킨 '책(지식)과 똑똑함'도, 이를 제대로 작동하게 해주는 '침착함'과 '민첩함'과 함께 제때, 제대로 씁니다.

재미난 점은 우정과 용기가 홀로 있을 때는 단지 가능성으로서만 존재한다는 사실입니다. 우정과 용기는 '동료'와 '고난'이 있을 때 비로소 실체를 띠고 나타납니다. 우정과 용기는 추구할 만한 가치가 있는 '덕virtus'인데, 각각 팀(집단 혹은 동료)과 두려운 모험에 의존하는 덕입니다. 따라서 우리는 이러한 언급을 통해 해리가 혼자서 크는 게 아니라 '함께' 클 것이라는 것을 알 수 있습니다. 실제로 작품을 읽어나감에 따라 볼드모트에 대한 해리 포터의 싸움은 친구들과 함께 해야만 의미가 있고, 가능한 것임을 확인하게 될 것입니다.

　잘 지어진 책의 제목은 단지 책꽂이에서 책을 찾기 위해 필요한 구분 기호에 불과하지 않습니다. 책 자체를 식별하게 만들며(정체正體를 부여하고) 이야기를 직접 이끌기도 합니다. 꼭 책을 읽지 않더라도(책을 읽기 전이나 읽은 후에라도), 이야기를 제대로 이해하도록 도와줍니다.
　마법사의 돌이라고 말하는 순간, 또 이 작품이 한 편의 작품이 아닌 연작이라는 사실을 아는 순간 우리는 이 첫 번째 이야기가 앞으로 펼쳐질 모든 이야기와 그 목적까지를 함축할 것이라고 기대할 수 있습니다.

제목을 읽기2

해리포터 연작의 제목은 늘 '해리포터와Harry Potter and'로 시작됩니다. 바뀌는 것은 '~와and' 뒤에 붙는 내용뿐이고 앞 구절은 바뀌지 않습니다. 이 점은 독자에게 두 가지 생각을 불러일으킵니다. 첫 번째는 이 작품에서 가장 중요한 존재가 '해리 포터'라는 생각입니다. 두 번째는 해리 포터는 매일 노선을 오가는 버스나 전철처럼 텅 빈 탈 것일 뿐, 정작 중요한 것은 따로 있을 것이라는 생각입니다. 지금 당장 아리송할 수도 있는 이런 생각은, 해리포터 연작 일곱 편을 다 읽고 나면 긴 설명 없이 이해할 수 있을 것입니다. 어쩌면 아무 말도 필요하지 않을 수도 있겠습니다.

무언가가 변하지 않는다는 건, 그게 가장 중요하다는 뜻일 수도 있고 그 반대의 뜻일 수도 있습니다. 어느 경우든 분명한 것은 불변하는 대상이 자리를 지키고 있는 것만으로도 우리는 길을 잃지 않고 목적지를 찾아갈 수 있다는 겁니다. 그러므로 불변하는 대상이 중요한 것이 아닐지라도, 실은 무척 소중하며 고마운 존재라는 사실을 새겨둡시다.

『해리포터와 비밀의 방』에서 '해리포터와' 뒤에 붙는 영어 제목은 'the Chamber of Secrets'입니다. 그렇군요. 비밀은 '비밀들'이었습니다. 영어의 복수형은 낱낱의 비밀 묶음을 뜻하기도 하고, 비밀이 중층으로 겹쳐진 것을 뜻할 수도 있습니다. Chamber는 일반적으로 개인의 방, 특히 침실을 가리키는 데 쓰입니다. 또 이 단어는 생물체의 동공을 가리키기도 합니다. 하지만 정관사 the를 붙이면 뜻이 확 달라져서 입법부나 사법부의 회의장을 가리키게 됩니다. 따라서 이 영문 제목은 정관사 the에 의해서 방을 사사로운 공간이 아니라 공적인 공간으로 탈바꿈시켰습니다.

해리포터 연작 일곱 편 모두 접속사 and와 뒤에 정관사 the를 붙였기 때문에 따로 의미를 부여해야 할지 주저할 수도 있지만, Chamber는 이것이 붙고 안 붙고에 따라 의미가 확연히 달라지는 말인 만큼 상관이 없다고는 볼 수 없습니다. 소소한 지식은 알고 있으면 이처럼 가끔씩 도움이 되곤

합니다.

　이렇게 the Chamber가 어떤 느낌의 방을 가리키는지 알게 되면, 자연스레 거기서 펼쳐질 이야기의 실마리를 얻게 됩니다. 곧 그 방에서 마치 재판과 같은 상황, 일종의 논쟁이 벌어지고, 논쟁을 통해 새로운 사실이 드러날 것이라는 점을 미루어 짐작할 수 있습니다. 그리고 이게 사실이라면 이 작품은 다른 어느 편보다 스릴러 성격이 짙어지게 됩니다. 다른 방도 아니고 '비밀의 방'이라고 하니까요! 이런 방이 처음부터 환한 빛 속에 그 모습을 드러내면 이상하지 않을까요? 따라서 이야기의 어둠 속에 잠겨 있다가 후반에야 드러날 텐데, 그렇다면 단순히 방의 위치 말고 그보다 더 중요한 무언가가 작품이 거의 끝날 때까지 감추어진 채로 있어야 합니다.

　해리포터 연작 전체가 해리 포터 대 볼드모트의 대결 구도라고 생각하면, 이 방에서 드러날 사실들을 미리 추론해볼 수 있습니다. 이건 그냥 알게 되는 게 아니고 독자가 부지불식간에 구조적으로 글을 읽고 있기 때문에 아는 것입니다. 쓰여진 이야기 말고, 드러나지 않았지만 함께 쓰여진 이야기, 즉 숨어 있는 이야기를 읽고 있기 때문에 알 수 있는 것입니다.

　제목을 읽는 순간부터 우리는 이야기의 '무엇'이 아니라 이야기 자체를 보기 시작한 겁니다. 이 연작의 시작이 미미한 주인공이 강력한 적과 맞서는 내용이라면, 적은 계속 바뀌는 듯해도 궁극적으로는 한 명이고, 그 한 명의 적과 매 편마다 다시 부딪치면서 종장에 가서는 대등하게 대결하게 될 거라는 건, 뻔하게 알 수 있습니다.

책장에 꽂힌 해리포터 연작의 제목들을 찬찬히 훑어보세요. 무엇이 보이나요? 다음에 어떤 이야기가 펼쳐질까 상상해볼 수 있나요? 아니, 원한다면 다음 편의 제목은 아직 몰라도 됩니다. 이 책이 처음 발표될 때 전 세계 독자들이 비로소 그날이 되어서야 새로운 작품의 제목을 알게 되었던 것처럼, 여러분도 다음 편의 제목은 아직 상상만 하시기를 바랍니다.

이어서는 '헌사'에 대해 이야기해봅시다. 우리는 이 대화를 계속해나가면서 종종 거꾸로 거슬러올라가 이미 읽은 작품의 내용을 비로소 다루게 될 겁니다. 그러나 아직은 해리포터 연작뿐 아니라, 책 자체를 읽을 때 염두할 것들을 더 이야기하겠습니다.

헌사를 읽기

많은 사람이 헌사를 읽는 데 소홀합니다. 헌사가 책의 일부라는 걸 잊거나, 혹은 애당초 관심을 두지 않습니다. 일부 부적절하거나 책 내용과 별 상관없는 헌사들이 있기는 하지만, 많은 작품에서 헌사는 독서에 좋은 길잡이가 되어줍니다. 그걸 몽땅 무시하는 건 안타까운 일이지요.

그리스 신화에는 알타이아Althaea와 멜레아그로스Meleagros라는 모자母子가 등장합니다. 알타이아는 멜레아그로스가 태어났을 때 운명의 여신들이 하는 말을 듣습니다. 여신들은 난로에서 불타는 장작을 보며 아이의 운명이 그와 같다고 했습니다. 이에 알타이아는 얼른 그 장작개비를 꺼내서 불을 끈 뒤에 감추어두었고, 아들은 무사히 어른으로 자랍니다. 그러나 어떤 사건으로 인해 알타이아가 장작개비를 다시 불 속에 넣자, 장작이 다 타면서 멜레아그로스의 숨도 끊어집니다.

이야기라는 것이 꼭 그렇습니다. 불을 피우려면 장작이 있어야 하지만, 막상 다 타버리면 장작도 불꽃도 없이 재만 남습니다. 세상의 어떤 일이든 말로 표현할 자유는 있지만, 그렇다고 다 말해버리면 말 속에서 아무런 것도 건지지 못합니다. 소리는 있고, 억지로 뜻을 생각할 수도 있지만 혼이 빠진 듯 그 말에서는 아무 생명도 느껴지지 않습니다. 친절을 베푼 이가 고맙다가도 그가 자기 생각을 미주알고주알 다 말해버리면 고마운 마음이 날아가고 지겨워질 겁니다. 하나의 이야기가 태어나는 데는 여러 말들이 쓰이지만, 말은 바람처럼 지나가고 우리는 남아야 합니다.

이처럼 헌사는, 본격적 이야기에 들어가기 전 딱 필요한 지침만을 제시합니다. 이야기가 출발한 지점을 가리키고 그것이 향하는 곳을 알립니다. 그렇다고 길을 전부 소개하지는 않습니다. 마치 여태껏 어디서 왔고, 앞으로 어디로 갈지를 알려줄 뿐, 길의 모습에 대해서는 침묵하는 길가의 표지판과 같습니다.

헌사 읽기를 생략하면, 우리는 어디서 시작해서 어디까지 가는지도 모른 채 글 읽기를 시작하게 됩니다. 그러면 쉽게 긴장하거나 방심해서 길을 잃기 십상이지요. 반면 헌사를 읽으면 책의 내용을 미리 상상해볼 수도 있고, 이야기 진행에 중요한 사항을 처음부터 눈여겨보며 나아갈 수 있습니다. 글에 대한 선택과 집중을 돕고, 방향성을 설정하게 해줍니다. 나침반이 없는 것보다는 있는 게 항해에 좋겠지요? 차례가 지도라면, 헌사는 이야기를 타고 갈 때 손에 들 나침반 같습니다.

이야기의 첫 번째 독자는 작가 자신입니다. 어쩔 수 없습니다. 어떤 이야기가 글로 쓰여지기 전에 얼마나 자주 또 많이 작가 안에서 메아리쳤을까요? 그 말들은 서로 다른 목소리와 다른 리듬을 타고 춤추다 사라지고, 또 무언가를 쓸어내듯 몰아치기도 했을 겁니다. 어떤 말은 빛을 잃고 어떤 말은 빛을 더하다가 마침내 흰 종이 위에 까만 잉크로 묻어난 겁니다. 그래서 얼핏 봐서는 뜻을 이해할 수 없는 헌사조차도 우리를 이끌어주는 것입니다. 헌사란, 그 글을 처음 읽는 독자에게는 불분명하지만 이미 글의 메아리를 수천 번 들었을 작가에게는 '분명하게 떠오른 실마리'입니다.

우리가 그 존재를 잊은 동안에도 계속 같이 있는 신발처럼, 헌사는 이야기를 따라 가야 하는 우리 곁에 늘 같이 있어줍니다. 우리는 그래서 헌사를 읽어야 합니다. 작가의 사생활이 아닌 책의 공생활公生活로서 말이지요.

해리포터 연작은 삶과 세상이 '결정된 것이 아니라
결정하는 것'이라고 줄기차게 이야기합니다.
또 우리가 '위대한 사랑'의 신비 아래서 살아가야 한다고
우정과 신뢰로 강하게 결속해야 한다고 일러줍니다.
그렇게 사는 것은 우리 자신이고
그렇게 살기 때문에 우리가 사람인 것이지요.
해리포터는 한 사람의 서사로 보편을 이야기합니다.
정말 고전의 방식입니다.

2부
해리포터 이야기 속의 이야기

해리포터와 마법사의 돌

❝ 사물에는 항상 정확한 이름을 사용해야 한단다. ❞

보라, 시작한다

　'보라, 이제 우리 시작하니!Se så! nu begynder vi' 안데르센이 저 놀라운 『눈의 여왕Sneedronningen』을 시작하며 처음에 꾹꾹 눌러 쓴 문장입니다. 이 문장은 제 눈앞에 툭 튀어나와 달려들었습니다. 그는 '옛날 옛적에……'로 시작하는 고색창연한 방식 대신 대담한 선언으로 이야기를 시작합니다.

　제가 옛 방식에 불만이 있냐고요? 설마요. 앙투안 드 생텍쥐페리의 말마따나 제대로 된 이야기라면 꼭 그렇게 시작해야 하겠지요. 그러나 어떤 작가들은 놀랍게도 다른 방식으로 이야기를 시작합니다. 안데르센의 선언은 곧바로 "우리가 이야기의 끝에 이르면 알게 될 것이니……"로 이어집니다.

　짐짓 야심을 내비치는 안데르센에 비해 J. K. 롤링은 수

좁고 조용합니다. 그렇다고 쭈뼛거리지는 않습니다. 롤링은 어떤 놀라운 일이 펼쳐질지 미리 다 알면서 정색하고 딴청을 피우며 이야기를 시작합니다. 그렇지만 우리는 처음부터 정신을 바싹 차리고 글줄을 붙잡아야 합니다. 장대한 이야기 전부를 읽기 위해, 첫 번째 이야기가 풀어놓는 선물 보따리를 놓치지 말고 챙겨야 합니다. 본 적 없는 세계에 빠져서 그만 길을 잃지 않으려면 말입니다. 그럼 이제 헌사를 읽는 것으로 이야기에 탑승합시다.

『해리포터와 마법사의 돌』의 헌사는 이렇습니다.

이야기를 사랑하는 제시카와 앤,
그리고 이 이야기를 가장 먼저 들어준 디에게

작가가 단지 가까운 사람을 호명한 거라고 생각하고 넘겼다면 헌사를 잘못 읽은 것입니다. 작가는 분명히 '이야기를 사랑하는' 그리고 '이야기를 가장 먼저 들어준'이라고 썼습니다. 이 책은 이야기를 사랑하는 이와 그것을 가장 먼저 들어준 이에게 바쳐진 겁니다. 왜일까요? 그건 이 책이 해리포터 연작 가운데 이야기의 틀을 짜는 데 할애된 작품이기 때문입니다. 말하자면 세계관을 개관하는 설정집인 셈입니다.

헌사에 비추어 볼 때, 인물과 세계와 장차 벌어질 사건과 사건의 배경이 한꺼번에 펼쳐질 것입니다(책을 읽은 우리는 이 말이 맞다는 걸 이미 알고 있지요).

이런 기능을 수행하려니 이 작품에는 다른 어느 편보다도 묘사가 많습니다. 마치 그림을 그리듯 말이죠. 그리고 소개의 형식을 빌려 정의定義합니다. 그래서 마법사의 돌은 해리포터 독자들 사이에서도 좀 지루하고 재미가 없는 편이라는 평가를 받기도 합니다. 하지만 또 다른 독자들은 이런 세부 묘사 하나하나에 촉각을 곤두세우고 기뻐합니다. 여러분은 어느 쪽인가요? 둘 다 자연스러운 반응이지만, 이런 반응이 생겨나는 이유는 하나입니다. 이 편이 전체 연작을 아우르는 설정집이기 때문이지요.

이 첫 번째 이야기는 이어지는 두 번째 편은 물론이고 마지막 편까지 이르는 여러 복선을 깔아두었습니다. 처음 읽을 때 대강 넘어갔던 부분들이 빠지지 않고 뒤에 등장해서 반갑기도 하고 궁금해지기도 하는 경험을 할 것입니다. 작가는 어디까지 미리 정해두었던 것일까요? 혹은 그의 충실한 이야기가 그를 인도해서 자칫 한 번 쓰이고 사라질 뻔한 인물과 여러 이름을 다시 호명한 것일까요? 어찌되었든 잠에서 깨어난 더즐리 가족 앞에, 늘 똑같은 하루가 펼쳐질 거란 기대가 깨어지며 생경한 하루가 시작된 것처럼, 이 첫 편은 우리를 해리포터 이야기에 풍덩 빠져들게 할 것입니다.

　마법사의 돌은 연작의 첫 편인만큼 등장하는 모든 것이 새롭습니다. 그 인물 혹은 사건이 어떤 모습일까, 어떻게 움직일까 궁금증을 일으킵니다. 그러나 우리는 쓰여진 이야기를 따라가며 '함께 쓰여진 이야기'를 읽는 중이므로, 눈길을 끄는 것들에 너무 끌려다니지는 않도록 합시다.
　시작부인 '살아남은 아이'에서는 이 연작 전체의 실마리가 드러납니다. 일단 독자의 뇌리에 가장 깊이 박히는 이름은 '볼드모트' 아닐까요? 볼드모트는 해리 포터와 떼려야 뗄 수 없는 관계이니 말입니다. 그러면서도 이 이름은 강박적으로 '이야기되지 않기'를 요구받습니다. 볼드모트는 여러 등장인물의 입을 통해 '이름을 말할 수 없는 자'로 등장합니다. '어둠의 마왕'이기도 하고 말이지요.
　이로써 추측하건대, 볼드모트는 처음부터 제 모습을 드러내지 않을 겁니다. 해리를 해치려다가 저주가 튕겨져나가 도리어 자신이 무력해졌기 때문이기도 하지만, 그의 이름을 부르는 것조차 꺼리는 작중 인물들의 태도로 보건대, 그가 직접 전면에 나서버리게 되면 이야기는 빠른 속도로 쏟아져내려서 곧 종장으로 치달을 것이기 때문입니다. 7편까지 가는 긴 호흡을 지키려면, 볼드모트는 아마 다른 이들을 통해서,

혹은 모습을 바꿔서 나타날 것입니다. 그리고 이 사실은 책 뒤에서 사실로 확인됩니다.

이야기의 실마리는 또 있습니다. 고드릭 골짜기며, 시리우스 등이 벌써 등장합니다. 볼드모트가 그토록 중요한 인물임에도 감추어지고, 간접적으로 언급되면서도 사건을 지배한다면, 첫 편의 첫 장에 오른 무수한 이름들은 빠르게 등장하고 직접적으로 언급됩니다. 이어서 등장할 덤블도어니 맥고나걸이니 해그리드니 하는 이들보다 이 편에 바로 등장하지 않은 이름들의 무게가 더 클 겁니다. 그들은 사건의 전체 흐름을 바꿀 정도로 영향력이 크기 때문에 더 뒤에 나타날 수밖에 없는 것입니다.

물론 이야기의 중심을 잡기 위해 가장 중요한 이들 중 일부는 초반부터 등장해야 합니다. 그렇다고 하더라도, 드러난 기능은 언제나 숨겨진 기능보다 덜 중요하며, 만약 이미 등장한 인물이 여전히 중요도를 유지하려면 그에게도 감추어진 면모와 감추어진 역할이 있어야 합니다.

'사라진 유리창'에서 작가는 주인공에 대한 실마리를 던져줍니다. 해리가 의도하지 않은 마법 사건을 일으킨 것은, 단지 그가 훈련되지 않은 마법사라는 사실을 알려주는 것보다 더 중요한 암시를 품고 있습니다. 그가 의도치 않은 마법을 부린다는 점은 이야기가 한참 진행된 뒤에 큰 의미를 띠고 다시 주목을 받을 겁니다. 독자들로 하여금 이런 지점을 뒤에 다시 생각하도록 만들지 않는 작품은 사람들을 만족시키지 못하는 법이니까요.

해리가 뱀과 대화하는 장면도 그가 배우게 될 많은 마법과 여러 자질 중에서 선별되어 소개된 것입니다. 그저 여러 재주 중 우연히, 마구잡이로 소개된 게 아닙니다. 만일 뱀과 대화하는 능력이 아주 특별하거나 강력한 마법이 아니라면, 이 능력은 주인공이 누구인지를 설명하고 있는 것입니다. 이 능력은 해리가 의도하지 않은 마법 사건을 일으킨다는 것과 별도의 사항일 수도 있고, 혹은 둘 다 무척 중요한 한 가지 사실을 가리킬 수도 있습니다.

저는 이런 긴 작품을 읽을 때, 초반부의 단서(아직 이해와 몰입이 얕아 쉽게 지나치기 마련인) 모으기를 즐깁니다. 그렇다고 해서, 여러분도 꼭 그렇게 읽어야 한다는 말은 아닙니다. 오히려 여러분은 싹 잊고 있다가 나중에 문득 앞서 복선이 주어졌다는 것을 깨닫고 소스라치게 놀라거나, 더욱 신이 나서 발을 동동 구르며 이미 읽은 전편을 뒤져보는 즐거움을 누릴 수도 있을 겁니다. 이런 이유로 저는 이 두툼한 설정집에 대한 나머지 이야기를 여러분이 읽지 않아도 좋다고 말하고 싶어집니다. 그럼에도 개의치 않고 읽는다면 책의 내용을 잘 곱

씹으면서 들어보세요.

이 편에서는 사냥터지기 해그리드가 호그와트를 중퇴한 마법사라는 사실이 밝혀집니다. 그는 불완전한 존재이고, 자기 세계(마법사 세계)에서 주변인인 셈입니다. 그가 비록 선하다고 해도, 이야기에서 그런 존재는 길흉의 양편에 걸쳐진 사람, 즉 경계에 선 존재로 묘사됩니다. 그렇지만 우리가 두고두고 발견하듯, 해그리드는 사랑받는 것 이상으로 다른 이를 사랑하는 사람입니다.

이야기에서는 '사랑을 주는 사람'이 중요한 법입니다. 그가 이야기의 표면에서 기여하는 바가 많든 적든 그는 이야기를 지탱하고, 이야기를 이끄는 주역들을 지탱합니다. 그래서 작가는 전체 이야기를 소개하는 1장과 주인공을 소개하는 2장에 이어, 바로 4장에서 이야기를 따뜻하게 이끌어줄 인물이자 이 이야기터의 든든한 지킴이로서 해그리드를 소개하고 있는 듯 보입니다(3장 '이상한 편지들'은 내용이 아니라 형식에 의미가 있는 제목이자 장입니다. 이 책의 무대를 바람직한 곳으로 옮기기 위해서 독자의 머리를 적당히 엉클어놓는 것입니다. 우리는 주인공을 따라 이야기 속으로 뛰어들라는 이상한 초대장을 받은 것이죠). 그렇지 않고서야 4장의 제목은 굳이 '사냥터지기 해그리드'가 아니어도 되었습니다.

5장은 '다이애건 앨리'라는 매우 흥미로운 장터의 이름을 제목으로 가져다가 붙였습니다. 이곳에서는 사건들이 끊이지 않는데, 사물의 집합소인 다이애건 앨리는 이제부터 사건의 집합소이기도 합니다. 작가는 이 이야기가 『반지의 제왕』처럼 거창하거나, 『나니아 연대기』처럼 유장하기를 바라지 않은 것 같습니다. 작가는 해리 포터라는 한 아이에게 이야기를 집중하기로 작정했고, 한 사람의 기억 속 골방과 골목들을 흔들어 깨우려 하고 있습니다. 여러분에게 아직 그런 기억들이 없다면 불확실하고 예기치 않은 것들을 만나게 해줄, 조금은 불안하고 조금은 설레는 곳으로 가보라고 속삭이는 것이기도 하고요.

　해리 포터는 바로 이곳에서 새 친구들을 만납니다. 사물, 사건이 만나려면 '사람'이 있어야 하거든요. 다이애건 앨리는 사람의 집합소이기도 합니다. 따라서 이곳은 훗날 중요한 순간에 다시 등장할 것입니다.

　'9와 4분의 3번 승강장'은 이야기의 관문Portal입니다. 전이transition의 장소지요. 만일 제가 사는 동네에 해리포터의 세계 어느 한 곳을 옮겨놓을 수 있다면, 저는 바로 이 승강장을 둘 셈입니다. 숲이나 성 같은 골치 아픈 장소 말고, 이 관문만 있으면 됩니다. 우리는 동시에 모든 것이어야 하거나, 동시에 모든 곳에 서 있을 수는 없습니다. 그저 모든 곳과 통하는 문을 가지면 되지 않을까요? 집 근처에 그런 곳을 둔다면 혹은 여러분의 일과 중에 그런 시간이 있다면(그게 책 읽기일 수도 있습니다) 정말 멋질 겁니다. 여러분은 스스로를 매번 새 이름으로 부르고 싶은 충동을 느낄지도 모릅니다.

'마법 모자'의 등장은 드디어 설정이 이야기 속으로 흘러들어갈 것이라는 점을 보여줍니다. 호그와트 설립 이래 오래도록 학생을 분류해온 마법 모자는, 네빌을 분류할 때는 시간이 아주 오래 걸렸고, 말포이는 머리에 모자가 닿기도 전에 분류를 마쳤으며, 해리는 좀 다른 방식으로 기숙사 배정을 했습니다. 그건 우선 해리가 심성으로는 그리핀도르에 어울리고, 재능과 위대해지려는 열망(해리에게 그런 열망이 있는지 어떤지는 아직 잘 드러나지 않지만, 마법사의 돌을 찾는 모험에 뛰어든 것을 보면 있기는 있는 것 같지요?)으로는 슬리데린에 어울렸기 때문입니다.

이 장에서 해리는 두 개의 가능성을 지닌 아이로 묘사됩니다. 이런 점은 어쩐지 우리들과도 닮지 않았나요? 어쩌면 우리 모두가 그러함에도 순간순간 어느 한쪽으로 기울어서 '나는 외향적이야', '나는 내성적이야', '나는 친구를 사귀고 싶어', '나는 혼자 있는 게 좋아', '나는 좀 부지런한 것 같아', '나는 정말 게으른 것 같아' 하고 오락가락하고 있지요. 우리가 스스로를 규정 내리는 것과 별개로, 우리 안에는 늘 이럴 수도 저럴 수도 있는 상반된 가능성이 함께 머물지 않던가요?

아무튼 해리는 "슬리데린은 아니야" 하고 결정을 내립니다. 그는 그게 옳은지도, 자기가 그럴 권한이 있는지도 모르지만 마음이 가는 대로 선택했습니다. 그러자 마법 모자의 반응이 흥미로워졌지요. "네가 그렇게 확신한다면……그리핀도르가 나을 거야!" 그 뒤 마법 모자도 정말 그렇게 결정했습니다.

저는 이 장면이 해리의 운명과 독자를 엮는 지점이라고 생각했습니다. 만일 해리가 모든 게 결정되어 있는 아이라면, 독자는 이제껏 그에게 가졌던 관심을 거두고 해리라는 '나와는 다른 아이'의 이야기에 깊이 빠져들지 못할 것입니다. 하지만 해리가 스스로 결정하기 시작하면서 그는 언제고 여러분과 닮은 아이, 어쩌면 여러분 자신일 수도 있는 아이로 다시 나타납니다. 여러분은 '해리가 바로 나야'라고 외치지는 않더라도, '해리는 절대 내가 아니야'라고 말하기는 힘들 겁니다.

결국 이 작품은 읽는 이가 작품 속 친구들과 함께 크기를 바라는 성장소설입니다. 심지어 어른들이 읽어도 모자람이 없는 그런 성장소설이지요. 어른들 속에도 여전히 어린아이가 존재하고, 그들도 더 자라서 제 나이에 이르기를 바라고 있잖아요?

우리는 **마법사의 돌**에서 해리포터 연작 전체를 지배하는 설정 몇 가지와 마법사의 돌 본편에 해당하는 설정 몇 가지를 만나게 됩니다. 지속성이라는 면에서, 본편을 꾸리는 설정들은 본편의 사건에서 소모되고 화석이 될 테니, 오래 살아남는 설정은 마법사의 돌에 관한 것들보다는 아무래도 해리포터 연작 전체에 관한 설정이라고 할 수 있습니다.

따라서 이렇게 말할 수도 있을 것 같습니다. 어쩌면 해리와 삼총사를 이루며 내내 등장하는 헤르미온느와 론보다도, 오히려 사냥터지기 해그리드나 마법의 약 선생님이 살아남은 아이의 존재를 설정해주는 이들이라고요. 즉 해리가 자기의 모습을 찾아가는 데 모험을 함께 겪는 헤르미온느와 론의 역할도 크지만, 살아남은 아이로서의 해리, 다시 말해 점점 성장해가는 해리를 결정짓는 것은 해그리드와 마법의 약 선생님일 거라고 생각할 수 있다는 말입니다. 해리와 해그리드와 마법의 약 선생님, 이 세 사람은 견고한 삼각형을 이루어 어느 한쪽도 떼어놓기 힘듭니다. 그랬다가는 주인공의 운명이 바뀌고 말 테니까요.

한 사람은 마냥 좋지만 그 따뜻함에 비해 믿음직하지 않은 인물이고, 한 사람은 뭔가 단단하고 신뢰할 만한 실력을 갖춘 것 같지만 차갑고 적대적으로까지 보이는 인물입니다. 그러나 헤르미온느가 거듭 상기시키듯, 그가 그렇게 보이는 것에는 해리와 론의 주관적 입장이 많이 작용합니다. 공정하게 보자면 그는 나쁜 사람도 못 믿을 사람도 아닌데 말입니다.

작가가 전체 이야기를 펼칠 양탄자를 깔고, 그 기초가 되는 장을 구성하며 인물을 언급한 건 '인물이자 사건'인 해리를 빼면, 중퇴한 마법사인 해그리드와 마법의 약 선생님뿐입니다. 이 두 사람의 존재는 해리의 삶에 영향을 미칠 테고, 두 사람은 이 아이를 뒷바라지하거나 '앞바라지'해줄 거라고 저는 생각합니다.

그런데 작가는 어째서 '마법의 약 선생님'의 이름을 장 제목에서 밝히지 않았을까요? 어차피 본문에서 금세 이름을 밝힐 것이면서 말이죠. 반면 해그리드의 이름은 당당히 장 제목에서 밝히고 있습니다. 이런 경우는 둘 중 하나로, 이름을 밝히지 않은 쪽이 별로 중요하지 않기 때문이거나, 반면에 너무 중요하기 때문입니다. 즉 그의 진정한 역할이 아직 드러나지 않았다는 것을 독자에게 넌지시 알려주는 장치라고 볼 수 있겠지요.

누군가는, 해그리드는 1장에서부터 등장했으니까 그의 직분을 덧붙여 소개한 게 아니냐고 되물을지도 모르겠습니다. 하지만 이 말은 4장의 제목이 단지 '해그리드'였다가 앞에 '사냥터지기'가 덧붙은 게 아니냐고 묻는 것이기 때문에 잘못된 추측입니다. 이 추측은 직분에 대한 추측이지 이름에 대해서는 아무것도 말해주지 않습니다.

이곳에서는 앞으로 여러 번 반복될 이야기가 압축되어 소개됩니다. "스네이프는 어떤 학생도 그다지 좋아하지 않아"와 "스네이프는 날 정말로 미워하는 것 같아요", 그리고 "엉터리 같은 소리……그가 왜?"라는 세 묶음의 이야기 말입니다. 이것은 스네이프를 이해하거나 또는 오해하는 데 되풀이해서 나타날 반복 유형pattern입니다. 기억해두어도 좋겠습니다.

소망의 거울

마법사의 돌에서 앞선 여덟 개 장은, 본편보다는 이어지는 연작 전체에 필요한 설정과 그것을 읽는 내내 염두할 것들을 읽는 이의 기억에 새겨주려고 노력하고 있습니다. 반면 이어지는 9장 '한밤의 결투'부터는 진정한 마법사의 돌이 시작됩니다.

여기서는 말포이, 네빌처럼 또 다른 중요 인물이 등장합니다. 연작을 이끌어가려면 아직 더 많은 인물이 필요하고 그 인물끼리 맺는 관계도 더 다채로워야 합니다. 그래야지만 앞으로 펼쳐질 이야기가 움직일 수 있는 폭이 넓어질 테니까요.

저는 '연작 전체의 도입은 끝났구나. 이제 이번 편의 도입이네' 하고 생각하는 동시에, 첫 번째 사건을 일으키는 인물은 그냥 스쳐지나가지는 않을 것이라고 예상했습니다. 게다가 말포이와 네빌은 호그와트행 열차에서부터 그 이름이 언급되었으니까요. 이 두 친구가 중요한 인물이 맞다면, 여러분은 이 둘의 진면목을 파악하기 어려울 겁니다. 이것은 좋은 이야기의 특징이므로 실망하거나 답답해하지 맙시다. 주인공만 살아 있는 작품은 금세 매력이 사라져버리지 않던가요?

'핼러윈'에서는 이 작품의 주제 같은 게 등장합니다. 친해지지 않을 것 같던 헤르미온느와 해리, 론은 그들의 표현을 빌리자면 "함께했을 때 반드시 서로를 좋아하게 만드는 일"을 하고 단짝이 됩니다. 하지만 그 일이 무엇인지에 대해서 저는 세 아이와 견해가 다릅니다. '트롤을 함께 쓰러뜨리는 것'보다는 '간식을 먹지 않고 기다리는 일'이 더 효과적이지 않을까요? 지금 저는 진지하게 말하는 겁니다.

11장에서 묘사된 퀴디치 경기와 거기서 벌어진 사건은 스네이프에 대한 의심과 오해를 잔뜩 심어줍니다. 의심은 하자면 끝이 없고 매우 그럴싸하지만, 애초에 의심하지 않는다면 전혀 할 까닭이 없는 것이기도 합니다. 아무튼 그들은 '니콜라스 플라멜의 물건을 훔치려고 한다'는 의심을 스네이프에게 던졌고, 이미 책 제목을 본 독자들은 그것이 바로 '마법사의 돌'일 거라는 것쯤은 알고 있지요. 혹시, 몰랐나요?

'소망의 거울'은 굉장히 사랑스러운 장입니다. 어쩌면 여러분이 아직 어리고 별다른 상실을 겪지 않았을 수도 있지만, 모를 일입니다. 여러분에게도 나름 깊은 속이 있어서 그 속에는 슬픔이라든가 불안이라든가 다른 알 수 없는 것들이 흐르고 있을는지 말이지요. 생각해보니 누구에게나 그런 깊은 속이 있지 않나요? 그러니까 내가 알든 알지 못하든, 심지어 이전까지 여러분 자신조차 몰랐더라도 소망의 거울 같은 것과 마주치면 글쎄, 나에게는 무엇이 나타나 비칠지 궁금하기 마련입니다.

더욱이 친구에게 마법사 체스를 배우고, 좋은 아줌마(친구의 엄마)에게 스웨터도 선물 받고, 발신인 불명이지만 성탄절 선물로 투명 망토 같은 걸 받았다면, 게다가 마침 눈싸움도 벌이며 마구 행복하던 참이라면, 그런데도 여전히 무언가 부족하단 걸 느낀다면 여러분도 '행복한 사람은 현재를 본다'는 소망의 거울 앞에 서보고 싶을 겁니다. 현재가 아닌 다른 것이 보일 것을 예감하면서요. 이 장의 내용은 이 같은 슬픔과 기쁨, 독자의 선의와 해리의 때 묻지 않은 선한 마음이

어우러져 사랑스러움을 자아냅니다.

　이 사랑스러운 이야기 뒤로 퀴디치에서 그리핀도르가 승리했음이 비교적 서둘러 기술되고, 니콜라스 플라멜이 '연금鍊金과 불사不死의 물질'인 마법사의 돌을 만든 사람이라는 것이 밝혀집니다. 글의 가쁜 호흡으로 우리는 사건이 서둘러 펼쳐질 것이란 사실을 예감할 수 있습니다. 그렇지만 작품은, 좋은 작품이 늘 그렇듯, 잠시 독자를 진정시킵니다.
　그러기 위해서 작가는 해그리드의 새끼 용 노버트의 이야기를 꺼냅니다. 이야기를 따라가노라면 특별할 게 없는 전개에 답답해지지만, 이 내용은 단지 걸음을 늦추고 체하지 말라고 붙잡는 기능만 가진 것은 아닙니다. 이 장은 중심 줄거리를 단단하게 감싸는 복선이었지요.

　'금지된 숲'에서는 베인과 피렌체가 충돌하고 유니콘이 피 흘린 채 죽어 있는 게 드러납니다. 그들은 금지된 숲에서 금지된 일이 일어났으며, 이것과는 비교할 수도 없게 금지된 일들이 일어날 징조를 보았던 겁니다. 더불어 우리는 호그스미드(다이애건 앨리처럼 이곳 또한 사건들의 여울목이라고 할 수 있습니다)에서 해그리드가 저지른 실수를 알게 됩니다.
　해그리드는 지하실 문을 지나면 있는 가장 까다로운 첫

번째 문지기의 정체를 누설한 데다, 그를 통과할 방법까지도 술술 불어버렸습니다. 새끼 용 노버트는 그 대가치고는 너무 작은 것이었을 테지요. 이제 용감한 세 아이는 직접 '지하실 문을 지나서' 들어갑니다. 이 관문을 통과하는 과정은 세 아이의 장기를 독자에게 인식시키는 한편, 특별히 훌륭한 마법사의 조건에 대한 헤르미온느의 멋진 통찰을 들려주는 기회가 됩니다.

여기서는 그 멋진 통찰을 떠올려봅시다. 헤르미온느는 비록 우정과 용기를 으뜸으로 쳤지만, '책'과 '똑똑함' 역시 중요합니다. 대상으로서 '읽히는 것'과 행위로서 '읽는 것'이 중요하다는 말이지요. 가령 스네이프가 마련한 '마법약 병' 관문은 호그와트 밖 우리의 현실에서도 늘 쓰이는 마법 즉, 논리를 사용해야 풀 수 있었습니다. 어쩌면 마법을 배운다는 건 평범과 비범의 양면성을 갖추는 일이 아닐까요?

이제 우리는 '두 얼굴을 가진 사람'을 만나게 됩니다. 모든 문제를 다 풀었을 때, 덤블도어는 이제까지 모든 사람이 해리에게 해주었던 조언과는 사뭇 다른 조언을 합니다. "볼드모트라고 부르거라, 해리. 사물에는 항상 정확한 이름을 사용해야 한단다. 어떤 이름에 대한 공포심은 그 사물 자체에 대한 공포심을 커지게 하니까 말이다." 정말로 맞는 말입니다.

그리고 맨 마지막 관문을 만든 덤블도어는, 역사상 모든 위대한 인물이 그랬던 것처럼 자기 자랑을 좀 합니다(저도 해 보고 싶군요)."그 돌은 찾고 싶어 했던 사람만이⋯⋯찾기만 할 뿐, 사용하지는 않을 사람만이⋯⋯얻을 수 있는 거란다. 내 머리는 때로 나 자신조차도 놀라게 하거든."

1장에서 덤블도어가 살아남은 아이를 확인하고 '그 사람'이 사라졌음을 독자에게 알려줬듯, 이번에도 그는 이 아이에게 그가 어떻게 살아남았는지 이야기해줍니다. 덤블도어에 따르면 '강력한 사랑은 그 나름의 독특한 자국을 남긴다'는군요. 그리고 그 사람, 볼드모트에게 '그렇게 아름다운 무언가의 흔적이 남은 사람을 만지는 건 심한 고통일 터'이고요.

하지만 덤블도어의 이야기는 진실 그 자체를 건드리지는 않습니다. 그는 한숨을 내쉽니다. 진실은 "아름답고도 끔찍한 것"이라면서 "아주 조심스럽게 다루어야 한다"고 말할 뿐입니다.

"네가 준비가 되면 알게 될 게다. 언젠가는⋯⋯." 이어서 그는 말합니다. "네 아버지는 스네이프가 절대로 용서할 수 없는 일을 했단다.⋯⋯네 아버지가 그의 생명을 구했단다."

여러분도 준비가 되면 알게 될 겁니다. 혹 때가 되면 알게 되겠지요. 그러니 그보다 앞서 준비를 하기 바랍니다. 그게 아니라면 준비가 되었을 때, 그때를 맞이하기를 바라야겠지요.

그런데 참 이상하지 않나요? 생명을 구한 게 왜 절대로 용서할 수 없는 일일까요? 마법사들의 심보가 여느 인간의 마음과는 달라서일까요? 스네이프뿐 아니라 덤블도어도 아리송하긴 마찬가지입니다. "위대한 마법사에게 죽음이란 그저 또 하나의 위대한 모험일 뿐"이라니요. 여러분이 론과 같이 말한다고 해도 뭐라고 할 수 없겠습니다. "내가 늘 교수님은 미쳤다고 말했잖아." 헤르미온느도 해리가 죽을 뻔했다며 몸서리칩니다.

여러분은 어떻게 생각하나요? 니콜라스 플라멜에게든 해리 포터에게든, 만난 적 없는 유명인에게든 내 친구에게든, 혹은 나에게든 죽음은 무섭고 끔찍한 일인가요? 그것은 모험이 될 수 없고, 누군가 그 여정을 신나는 모험처럼 이야기한다면 미친 걸까요? 덤블도어의 말을 다시 한 번 살펴보고 싶습니다. 한국어판은 well-organised mind를 '위대한 마법사'라고 옮겼습니다만, 원문의 맥락을 보면 이 표현은 비단 마법사만을 일컫지 않습니다. 저는 이 말을 '온전한 사람'이라고 옮기고 싶습니다. mind가 유래한 라틴어 mens(멘스)

는 본래 정신과 마음, 영혼을 모두 가리키는 말입니다. 한참 지나서 이는 mind, spirit, psyche 등으로 분리되었지만, 애초에 한 사람의 정신이라는 것은 온전히 하나입니다. 마음·정신·혼·심리·의지·생각……뭐라고 옮겨도 의미가 불완전하기 마련이지요. 그래서 mind라는 말을 옮길 때는 저 여러 갈래 의미 중 하나만 택하는 것이 아니라, 나머지 뜻을 모두 포함할 수 있도록 대표로 내세울 말을 골라서 옮겨야 합니다. 또한 mens가 곧 그 '존재'를 뜻한다면(오늘날 어떤 이들은 physical body, 그러니까 순수한 물질 자체로 충분히 자신이라고 보기도 합니다만) mind는 그 사람 전체, 그 자신을 가리키게 됩니다. 따라서 well-organised mind는 '잘 조직된', '잘 짜인' 정신을 뜻하지만, 이는 곧 온전한 사람 누구나를 가리키는 것입니다.

이제 덤블도어를 이해하지 못하는 론과 헤르미온느에게 해리가 말하듯, 제가 여러분에게 말해보겠습니다. "덤블도어 교수님은 재미있는 분이야." 해리는 이어서 이렇게도 말했지요. "그분은 내게 기회를 주고 싶어 했던 것 같아. 그리고 여기서 일어나는 모든 일에 대해 어느 정도 알고 있었던 것 같아. 교수님은 우리가 시도하리라는 것을 알고 우리를 막는 대신, 우리를 돕기 위해 충분히 훈련시켰던 것뿐이야.……교수님은 내가 할 수만 있다면 볼드모트에 맞설 권리가 있다고 생각했던 것 같아."

말하다 보니 해리는 덤블도어가 미치지 않았다고 해명하는 것이 아니라 자기도 미쳤다고 말하는 것 같습니다. 이에 대한 론의 반응은 어쩌면 해리를 측은하게 여기는 마음을 돌려 말한 건지도 모르겠군요. 아니면 완전히 반한 건지도 모르고요. "그래, 덤블도어는 미쳤다니까. 맞아."

참, 기억할 일이 있습니다. 바로 지니 위즐리의 등장입니다. 그녀는 **마법사의 돌** 마지막에 잠깐 나올 뿐인데, 작가가 굳이 이름까지 알려준다는 건 무언가를 예고하는 셈입니다. 다음 편에서 지니 위즐리가 분명 중요하게 등장할 거라는 암시지요. 이미 다음 편을 읽었다며 고개를 끄덕이기 전에, 바로 그녀의 등장을 보고 이 사실을 알았어야 합니다. 이번에는 몰랐다고 하더라도 머지않아 알게 될 겁니다. 여러분이 그럴 수 있도록 충분히 돕겠습니다. 저는 여러분이 온 세상 이야기에 맞서서 그것을 삼킬 권리가 있다고 생각하니까요. 그래요, 맞습니다. 우리는 다 얼마만큼씩 미쳤습니다. 좀 더 미친 사람도 있을 테고요.

해리포터와 비밀의 방

❝ 우리의 진정한 모습은 능력이 아니라 ❞
선택을 통해 나타나는 거란다.

우정의 범위를 확장하기

이제 『해리포터와 비밀의 방』의 헌사를 펼쳐보세요. 만일 기억하고 있다면 머릿속에서 펼치는 것으로 충분합니다.

막다른 길에 몰렸을 때 살길을 터주고
험난할 때 친구가 되어준
션 P. F. 해리스에게

우리가 마법사의 돌의 헌사를 읽어낸 방식을 떠올린다면, 이번 편의 성격을 알 수 있을 겁니다. 마법사의 돌은 헌사에서 이미 주변 사람을 언급했습니다. 작가가 그들을 언급한 까닭은 그들이 '이야기를 사랑하고 이야기를 가장 먼저 들어주었기 때문'인데, 다시 생각해보면 그들의 그런 행위가 그들을 (작가와) 가까운 사람으로 만들었거나 그들이 가까운 사람이기 때문에 그런 행위를 하게 되었다는 걸 떠올릴 수 있습니다. 그러나 1편의 헌사 자체에서 이런 결론을 끌어내기는 어렵습니다.

반면 비밀의 방의 헌사는 읽는 순간 알 수 있습니다. 이야기를 사랑하는 이, 이야기를 처음 들어주는 이가 친구라는 것을요. 헤르미온느라면 훌륭한 마법사가 되는 조건으로 '친구가 되는 것' 혹은 '기꺼이 친구가 되어주는 것'을 들지도 모르겠습니다. 해리나 론은 어떨까요? 사내아이들은 좀 늦게 철이 듭니다. 그들은 자기 마음을 머릿속까지 끌어올려 생각하거나 말을 하는 데 시간이 걸립니다.

마법사의 돌에서 작가는 해리의 머리며 팔, 다리가 되는 주변 인물의 말과 행동을 통해서 우정과 용기가 정말로 중요하다고 말했습니다. 반면 2편에서는 헌사를 통해 같은 메시지를 전합니다. 헌사는 3행인데, 첫 행은 용기와 권능을, 둘째 행은 우정을 이야기하고 있습니다. 셋째 행은 새로운 메시지로서, 우정과 용기는 허공에 떠 있는 것이 아니고 오직 이를 간직한 사람을 통해서만 발휘된다는 사실을 상기시켜 줍니다. 우정이나 용기에 찬사를 바친다면, 그 대상은 늘 실제 존재하는 '누군가'라는 겁니다. 그래서 작가도 헌사에서 매번 실재하는 누군가를 직접 언급하는 것 아닐까요?

1편에서 이미 쓴 주제를 작가가 2편에서 다시 꺼내들었다면 이로서 우리는 두 가지를 알 수 있습니다. 첫째, 이 주제는 한 번 쓰고 버릴 게 아니라 이야기의 끝까지 가져갈 주제라는 것. 둘째, 2편에서는 우정과 용기에 관해 그것이 무엇인지 더 뚜렷하게 언급하리라는 것. 특히 이번에는 우정에 집중하겠지요. 왜냐하면 헌사는 우정과 용기를 이야기하지만, 본문에서는 이를 위해 '친구라 불리는' 인물을 등장시킬 테니까요. 이때는 그가 용맹한지보다 '나에게 가까우며 우정을 맺은 사람'이라는 점을 부각하리라 봅니다. 즉, 이 편에서 작가는 우정을 새롭게 생각해보라고 우리에게 제안할 텐데, 거기에는 용기가 필요할 겁니다.

비밀의 방에서는 처음으로 '잡종雜種'이라는 말이 등장합니다. 영어 사전을 살펴보면 잡종이라는 단어에는 이런 것들이 있습니다. 'a cross(breed)', 'a hybrid', 'half-breed', 'a mongrel', 'a graft hybrid'. 그런데 작가는 사전에 없는 말을 만들어 씁니다. 바로 'Mudbloods'라는 단어입니다. 아시다시피 s는 낱말 끝에 붙어 복수를 만듭니다. 이걸 붙이면 말이 가리키는 대상의 구체적 특질을 가리킨다기보다, 그 상대의 나머지 특질을 모두 무시하고 어떤 부류의 일부로 확 밀어 넣고 꽁꽁 묶는 효과가 생깁니다. 즉 누군가의 개성을 깡그리 무시하고 하나의 특질로 환원시켜서 거기에 가두는 것입니다. mud가 진흙이나 진창을 가리킨다는 걸 생각하면 그것이 쓰레기나 찌꺼기 같이 지저분하고 불명예스러운 표현을 파생한다는 것도 알아차릴 수 있습니다. 이런 단어에는 이미 그 안에 평가가 들어가 있는 것이지요.

헤르미온느는 이 단어로 평가질당했고, 이 말이 무엇인지 몰라도 자기를 모욕한다는 사실만은 또렷이 알았을 겁니다. 실제로 헤르미온느는 "뜻은 모르겠고, 하지만 무척 나쁜, 불쾌한 말인 건 알았다"고 말하지요. 수많은 욕설이 그러하듯, 이야기 속 사람들도 그녀를 더 세게 모욕하기 위해 없는 말을 만들어낸 겁니다.

이 말은 후속 편에서도 자주 볼 수 있습니다. 어쩌면 해리포터 연작은 잡종이라는 말(혹은 개념)과의 싸움이기도 합니다. 해리포터에서는 우정을 나눌 친구의 범위를 잡종에까지 확장하고 있으니까요.

우정의 범위를 확장하는 일은 매우 중요합니다. 우리 머글들이야 보통 사람 전부를 친구로 여기는 게 당연하지만, 저 대단한 마법사들에게 잡종이란 뭔가 부족한 존재, 문제가 있는 존재일지도 모르지요. 이건 현실에서 기득권을 독점하던 남성이 여성을 혐오해온 것과도 맥락이 닿습니다.

혐오 행위에서는 재미난 현상이 목격되는데, 잘나가는 남성보다는 그렇지 못하고 열패감을 가진 남성이 더 노골적으로 여성 혐오misogyny에 나선다는 것입니다. 비유컨대 탄탄한 길에서 가장자리로 밀려난 사람은 언제든 혐오라는 골짜기로 굴러떨어지기 쉬운 법입니다.

더 나아가 아예 그곳으로 굴러떨어진 사람은, 그런 반反특권을 거슬러올라서 비탈 위 길을 걷는 사람을 발견하면 그들을 질투하고 혐오합니다. 반면 길에서 자기를 밀어서 떨어뜨린 사람은 미워하기는커녕, 좋은 사람으로 우러러보고, 자기도 그렇게 되기를 바랍니다.

해리포터에서는 평범한 사람(머글)이지만 마법을 쓸 수 있는 헤르미온느도 나오고, 대조적으로 마법사지만 마법을 쓰지 못하는 '스큅', 아구스 필치도 등장합니다. 필치가 학교에서 일하며 학생을 관리하는 입장이라는 걸 생각하면, 이 역전은 그에게 깊은 모멸감과 이에 상응하는 분노를 주었을 것입니다.

이야기 속에서 우정의 범위가 넓어져가면서, 용기가 무엇인지도 더 정확히 드러납니다. 그것은 단지 위험을 무릅쓰는 것이 아니라 친구의 명예를 지키는 것이며, 자신이 덩달아

놀림감이 되거나 따돌림을 당하더라도, 혹은 자신이 그 '열등한 지위를 공유하는 패거리'로 취급되는 한이 있더라도 기득권에서 배제될 위험과 맞서 싸우는 것입니다. "험난할 때 친구가 되어준"이에게 이 책을 바쳤으니, 우리는 2편이 자연히 그런 우정과 용기에 대한 이야기란 걸 알 수 있습니다.

해리포터 연작에서 선과 악의 대결은 중요한 테마입니다. 이 작품이 현대의 작품인 만큼, 악의 구체적 묘사에서는 어쩔 수 없이 인류가 가장 근래 경험한 악을 참조하게 되는 모양입니다. 사실 용기를 말하고 우정을 말하는 이야기가 거기서 고개를 돌린다면 그것이야말로 안 어울리는 일이지요.

인류가 가장 최근에 경험한 악은 바로 '인종주의'입니다. 인종주의는 어떤 인종은 우수하고 어떤 인종은 열등하며 우수한 인종은 열등한 인종을 지배하고 때로 해쳐도 좋다는 생각을 말합니다. 우수한 국가가 열등한 국가를 지배한다는 제국주의와도 통하는 생각입니다. 한 사람, 한 사람이 내면에 지닌 인종주의가 집합적으로 드러날 때 제국주의가 되는 것이지요.

우리가 역사에서 경험한 인종주의적 사건과 태도가 이야기 속에서는 볼드모트에게 압축해서 담겼습니다. 볼드모트는 인종주의자요, 제국주의자입니다. 반면 해리포터는 세계시민적 태도를 견지하는 사해동포주의자四海同胞主義者로 성장할 것입니다.

해리가 이렇다는 사실은, 그가 자기를 괄시한 사람들, 심지어 저 인종주의자를 포함해서 누구도 함부로 편 가르지 않을 것이라는 점과 어떤 경우라도 '용서'를 택할 것이라는 점을 우리에게 알려줍니다. 그래서 우리는 해리가 인종주의자의 핵심, 즉 볼드모트만을 제거할 것이라는 점을 예상할 수 있습니다.

인종주의를 기왕 악으로 규정한다면, 단지 인종주의의 반대 입장에만 서서는 그저 입장이 다른 양편이 싸우는 구도가 되고 맙니다. 그렇게 되면 이런 식으로 선악을 판단하는 게 마땅한지 독자는 의문을 품을 것입니다. 그냥 어느 한쪽을 편드는 것처럼 비쳐질 수 있기 때문입니다. 이런 의혹을 피하기 위해 작가는 독자가 어느 한쪽을 자연스럽게 올려다보거나 낮추어 보도록 만들어야 합니다. 올려다보게 만들자면 작품 속 인물과 독자가 함께 새로운 인식을 열어야 하는데, 그렇게 이끄는 데는 여러 인물과 사건이 필요합니다. 반면 한쪽을 낮추어 보는 데는 이미 습득한 인식을 곧바로 적용할 수 있기 때문에, 서둘러 새로운 인식을 선전하기보다 작가가 먼저 인종주의의 모순, 볼드모트 무리의 모순을 묘사할 거라고 우리는 기대할 수 있습니다.

이런 추론은 별 볼 일 없는 작품에서는 성사되지 않습니다. 그런 이야기는 거기까지 나아가지도 못합니다. 그러나 괜찮은 작품이라면, 그 안에 담긴 게 진짜 이야기라면 그런 모순을 보여주는 순간이 꼭 찾아옵니다. 그렇게 하나의 이야기가 우리 몸에 새겨진 집단적 이야기 속의 당위성과 맞닿아 스칠 때, 우리는 그 이야기가 '근사하다'(뭔가 우리 안의 것에 가깝다)고 느끼는 것입니다. 좋은 이야기는, 이야기끼리 서로 밀고 당기며 흐름을 좇고, 또 흐름과 부딪치며 어울림을 만들어냅니다.

저는 해리포터 연작의 각 편 제목과 헌사를 본 순간, 모순을 드러낼 사건이 있을 것이며 기왕 우정과 용기가 주제라면 어떤 사람을 해칠 것이라는 사실을 알아차렸습니다. 그러다가 잡종이라는 단어를 본문에서 접하면서 생각이 구체화되었습니다. '잡종이 아닌 순수 혈통인 마법사 중 누군가를 희생시키겠구나' 하고요. 꼭 그래야 하는 것은 아니지만, 이렇게 하는 게 모순을 드러내는 데 가장 효과적이기 때문이지요.
그때 떠오른 게 지니 위즐리였습니다. 저는 지니 위즐리가 어쩌면 내용의 맨 마지막에서야 제대로 등장할 것이며 중요한 희생자가 될 것이라고 생각했습니다. 이 편의 제목이 '비밀의 방'인 데다 지니가 너무 일찍 등장하면 갈등의 긴장도를 떨어뜨릴 테니까요. 실제로 지니 위즐리는 간간이 등장하지만 주목받지 못하고 스쳐 지나가다가, 서사의 끝에 비밀의 방에서 재발견됩니다.

　이런 추론은 사실 헌사 없이도 가능합니다. 헌사가 실리지 않은 번역본 초판을 읽을 때 이미 할 수 있었지요. 잡종이라는 단어의 등장과 반복 사용, 전편 마지막에서 이름이 등장한 지니 위즐리가 이번 편에서 아무 기능을 하지 않는다는 데 대한 의심으로도 충분히 추정할 수 있지요. 다만, 2014년에 나온 개정판에 실린 헌사를 통해 우리는 더 뚜렷이 알게 되었습니다.

우리의 진정한 모습은

　비밀의 방은 전편의 주제를 이어받아 우정과 용기를 다루되, 그 뜻을 새롭게 할 거라고 저는 말했습니다. 그렇다면 어떻게 새로워질까요? 이 편은 '누가 진짜 친구인지' 그리고 '나와 너는 어떤 식으로 누구에게 진짜 친구가 되어주는지' 하는 질문들에 답을 합니다.
　그럼 작품 속으로 들어가보지요. 우선 '최악의 생일'입니다. 해리포터의 생일이 최악의 생일이 된 것은 "이 지붕 밑에서는 너의 비정상적인 말과 행동을 내버려두지 않겠다"는 버논 이모부의 으름장 때문은 아닙니다. 버논 더즐리는 언제나 그랬으니 새삼스러울 건 없습니다. 해리를 정말로 힘들게 만든 건 '편지도 쓰지 않는 친구들'입니다. 해리는 정원 벤치에서 소곤소곤 노래합니다. "생일 축하합니다, 생일 축하합니다, 내……."

이런 상황에서 난데없이 집요정이 나타나 학교로 돌아가면 안 된다고 해리에게 경고합니다. 해리는 처음 본 집요정을 동등한 인격체로 대우하는데 집요정 도비는 이것을 해리 포터라는 마법사의 비범함의 일면이라고 알아봅니다. 그리고 이 모든 일의 배후에 '이름을 말해서는 안 되는 그자'가 있다고 말합니다. "해리 포터는 호그와트로 돌아가선 안 돼요.……목숨을 잃기엔 너무 위대하고 너무 착해요." 하지만 우리가 이미 알 듯, 호그와트로 돌아가지 않는 해리는 이미 죽은 거나 마찬가집니다.

'버로우'에서는 최악의 생일을 만든 친구 중 하나인 론 위즐리의 집으로 가는 이야기가 펼쳐집니다. 버로우는 바로 위즐리 가족의 집이 있는 곳입니다. 공중에 뜬 하늘색 차를 타고 버로우에 다다를 때 해리는 "이렇게 멋진 집은 처음이야!" 하고 진심으로 소리칩니다. 자기 집을 부끄러워하고 있던 론은 기분이 나아지지요.

'플러리쉬와 블러트 서점'에서는 다이애건 앨리와 녹턴 앨리를 번갈아 비추면서 빛과 어둠이 매우 가깝게 붙어 있는 듯한 분위기를 풍깁니다. 표면상 밝고 활기찬 다이애건 앨리의 서점에도 어둠은 여지없이 마음에 파고듭니다. '표준 마법사 수준 시험'을 의식한 여러 교재라든가, 교재로 지정된 질데로이 록허트의 저서를 여러 권 사는 모습이 펼쳐지는 가운데, 서점에서 마주친 루시우스 말포이는 위즐리네 장바구니에 수상한 일기장을 슬쩍 던져넣습니다.

두 개의 '앨리'가 명암이 엇갈린 채 정적으로 머무른다면, 어둠은 시시때때로 밝음 속에 들어와서 흔적을 남깁니다. 우리는 이 마주침이 단지 두 집안 아버지들이 으르렁대며 맞선 사건, 즐겁고 들뜬 개학 준비에 찬물을 끼얹은 사건에 그치는 게 아니라는 걸 압니다. 모든 일에는 의미가 있습니다. 적어도 벌어진 모든 일 가운데 굳이 기록되어진 사건이라면 말입니다. 만약 하나의 사건의 의미가 그 자리에서 종료되는 게 아니라면, 그 일은 사실로서든 혹은 상상에 기대서라도 반드시 이후에 자기 일을 마치려 할 것입니다. 말포이 가족이라면 얼마든지 그 책을 길가에 버렸을 수도 있다는 걸 생각하면, 더욱 분명하지 않나요?

'커다란 버드나무'에서는 상상할 수 있는 가장 멋진 캐릭터가 등장합니다. 움직이는 커다란 버드나무라니요! 하지만 이 등장은 그다지 행복한 분위기에서 벌어진 일은 아닙니다. 개찰구가 막혔고, 열차에 올라타지 못한 해리 포터와 론은 부득이, 하늘을 날도록 마법을 부린 차를 몰래 타고 호그와트로 갑니다. 가는 동안 나름 즐거웠지만 끝내 마음대로 차를 조종할 수 없었고, 커다란 버드나무에 부딪쳐서 성난 버드나무가 패대기치는 대로 혼쭐이 났습니다. 게다가 그들은 이 일로 학교에서 곧 감점당할 위기에 처하지요.

해리는 재치 있게, 아직 학기 시작 전이므로 감점은 있을 수 없다고 말합니다. 이 사건은 어른의 기준에서는 틀림없이 잘못인데, 아이들 기준에서는 멋진 일이어서 두 사람이 벌인 사건은 곧 아이들 사이에 소문이 퍼집니다. 아, 헤르미온느는 이 일을 두고 뭐라고 했을까요? 이건 따로 말하지 않아도 될 것 같습니다.

'질데로이 록허트'는 작품 전편에 걸쳐 가장 가벼운 인물로 그려집니다. 그는 명색이 교수지만 마치 인기 연예인처럼 행동합니다. 몇몇 학생의 반응을 보면 정말 그런 것 같기도 합니다. 특히 여학생들은 그의 외모에 반하는데, 그의 모험이 그 외모를 더욱 빛나게 해줍니다. 이 인물은 '명성'을 두고 해리 포터와 상반된 태도를 지닌 인물로 묘사됩니다.

마법사의 돌에서 해리 포터는 퀴렐과 상반된 지점에 섰습니다. 즉 퀴렐은 두려움과 소망을 자기 안에 들여놓아 마침내 거기 잠식당했지만, 해리는 강한 두려움과 소망을 가지면서도 그것을 자기 바깥에 두었고, 이 때문에 자기 자신은 변질되지 않았습니다. 앞으로도 그럴지는 모르지만 적어도 그 시절 소년은 이런 훌륭함을 가지고 있었습니다.

비밀의 방에서 해리는 또 다른 훌륭함을 보여줍니다. 바로 명성에 대한 태도에서 그렇습니다. 록허트는 명성을 한껏 즐기고 해리는 명성 때문에 자기 자신이 잊히는 것을 경계합니다. 할 수 있다면 그런 부담이 사라지기를 바랍니다. 물론 소년이 자라면서 우리는 그가 달라지는 것을 보게 될 수도 있습니다.

질데로이 록허트라는 화려한 인물의 요란스러운 등장에 이어서 이 작품의 주요한 복선이 조용히 제시됩니다. 늘 사진기를 들고 다니는 콜린 크리비가 등장하고, 마법의 약초학 시간에 맨드레이크를 옮겨 심는 장면이 나오고, 머글 태생 저스틴을 언급하는 것은 다 우연이 아닙니다. 쓰여진 이야기는 반드시 제 할 일을 마치고나서 퇴장한다는 사실을 기억하세요. 이야기가 단지 우연하게 소모되는 일이 적을수록 잘 쓴 이야기라고 할 수 있습니다.

'잡종과 속삭임'에서 이 작품 처음으로 잡종이라는 말이 등장합니다. 이 말뜻에 대해서는 앞서 말했습니다. 퀴디치

마니아라면 관심을 가질 클린스윕5와 님부스2001이 등장하고 론은 헤르미온느를 모욕한 말포이를 혼내려다가 고장 난 지팡이가 주문을 되쏘아서 민달팽이를 내내 토하느라 폼플리 부인에게 가게 됩니다. 론과 해리는 벌칙도 받는데, 이 와중에도 해리는 '찢어 죽일 거야' 하는 속삭임을 듣고는 자기가 제정신인지 의심하느라 벌칙 그 이상의 벌칙을 받는 것으로 보입니다. 이 장에서는 어둠의 마법 징크스, 즉 이 과목을 맡은 교수들은 하나같이 끝이 좋지 않았다는 이야기가 나오며, 아무도 맡지 않는 수업을 록허트가 자원해서 꿰찬 것이라는 사실이 언급됩니다.

'사망일 파티'에서는, 목이 달랑거리는 닉의 사망 500주년을 기념해 열린 유령들의 파티를 소개합니다. 그럴 수도 있겠습니다. 우리가 지금 살아가는 이 땅에서의 출발을 축하하듯, 유령들은 지금 그들이 있는 세계에서 삶을 시작하게 된 계기인 사망일을 경축할 수도 있을 겁니다. 더불어 학교 벽에 '비밀의 방이 열렸다. 후계자의 적들이여, 조심하라'라는 전갈이 붉은 글씨로 쓰여지고, 모우닝 머틀이 사는 화장실이 언급됩니다.

'벽면에 쓰인 경고'에서는 아구스 필치가 스큅이라는 사실이 드러나는데, 스큅은 머글 태생이지만 마법을 구사하는 헤르미온느와는 정반대의 경우로, 마법사임에도 마법을 쓰지 못하는 매우 곤란한 처지라고 할 수 있습니다. 이 장에서는 이런저런 복선이 깔릴 뿐, 아직 결정적 사건은 일어나지 않습니다.

'악당 블러저'에서 우리는 엉뚱한 도비와 어이없는 록허트의 면모를 목격합니다. 그들의 의도나 성정과 상관없이, 실제 곁에 그들이 있다면 우리는 매우 불안해질 것입니다. 이 장을 보니 지난 편에서 스네이프가 실은 해리를 구하려 했었다는 사실이 떠오릅니다. 반면 이번 편에서 스네이프는 해리 포터의 자만심을 꺾겠다며 계속 벌을 주려고 합니다. 좋은 인상을 가질 틈을 주지 않고, 계속 날 싫어하라고 윽박이라도 지르는 것 같습니다.

'결투 클럽'에서는 학생들의 결투가 점점 이상하게 전개되고 록허트와 스네이프가 대결하는 장면도 나옵니다. 해리가 파셀 마우스(뱀의 언어를 말하고 이해하는 능력을 가진 사람)라는 것은 더즐리 가족과 동물원에 갔던 1편에서부터 알 수 있었지만, 그것이 어떤 이름으로 불리고 마법사 세계에서 어떤 평가를 받는지는 처음 드러나지요.

'폴리주스 마법의 약'에서는 이 복잡한 마법의 약이 매우 비중 있게 소개됩니다. 한편 해리에게는 더즐리 가족이 보낸 성탄 선물이 도착하지요. 그것은 바로 이쑤시개 하나. 받는 입장에서 매우 불쾌할 뿐 아니라, 오히려 선물을 보낸 이를 더 모욕하는 초라한 선물입니다.

이어서 밸런타인데이에 해리의 손에 수상한 일기장이 들어옵니다. 톰 리들이라는 옛 호그와트 학생의 일기장인데, 유혹적인 거짓과 기만을 담고 있습니다. **비밀의 방** 편에 비밀 일기가 등장하는 건 어울리기도 하려니와 '비밀'이라는 낱말을 공유하므로, 일기장이 사건 전개에 매우 중요한 역할을 할 것이라는 점을 짐작할 수 있습니다. 한편 동시에 살짝 의문이 솟습니다. '이야기를 이끌어가는 데 매우 중요할 수도 있는 이 물건이 왜 이제야 나타났을까? 이야기의 절반이 훌쩍 넘었는데?' 그러나 알고 보니, 일기장은 사실 훨씬 전에 나타났다는 걸 우리는 차차 깨닫게 됩니다.

이 장에서는 인물 사이의 관계와 특성도 계속 발전합니다. 뭐든 잘 해내는 헤르미온느는 해리, 론과 어울리는 탓인지, 아니면 잘한다는 것 자체가 문제인지, 마법의 약 수업에서 거의 홀로 제대로 조제해내면서도 그다지 인정받지 못하고, 친구들에게도 여전히 환영받지 못합니다. 이런 종류의

'우수함에 대해' 헤르미온느는 결국 "그게 뭐가 나쁘니?" 하고 되묻습니다. 그 목소리가 약간 상처받은 듯했다는 걸 기억해줘야 하겠습니다.

'코넬리우스 퍼지'에서는 학교에서 벌어지는 일련의 사건에 부담을 느끼는 마법부와 빨리 그 책임을 묻고 사건을 매듭지으려는 마법부 장관의 모습이 그려집니다. 퍼지는 정확히 말해서 마법부라는 한 부처의 장관이 아니라 Prime Minister, 그러니까 마법 세계 전체를 관장하는 '수상首相'입니다. 그러나 이미 출판된 판본의 번역을 수용해서 그의 직함을 계속해서 장관이라고 부르겠습니다.

퍼지는 슬리데린의 후계자가 해그리드라고 의심합니다. 이에 반해 덤블도어 교장은 해그리드를 굳게 믿습니다. 마법사치고 거인의 혈통이 섞인 사람을 이렇게 쉽게 믿는 사람은 좀체 없을 테지만, 덤블도어의 믿음에는 그 나름의 이유가 있었습니다.

'아라고그'에서는 해그리드의 친절과 부주의가 함께 등장하고, 우리는 도비나 록허트가 아니더라도 늘 곁에 있으면 꽤 위험한 인물이 친구로 있었다는 걸 깨닫습니다. 아라고그의 등장은 비밀의 방에 대한 다른 수수께끼를 던지며 다음으로 이어집니다. 때는 5월 말이고 6월 1일로 예고된 변신술 시험 때문에 소년소녀의 마음은 무겁기만 합니다. 이 와중에 모우닝 머틀을 매개로 비밀의 방에 이르는 길을 발견한 세 단짝은 "그 애의 뼈는 비밀의 방에 묻힐 것이다"라는 불길한 문장을 깨뜨리려 출동합니다.

파셀 마우스인 해리의 '열려라!' 하는 한마디에 그들은 아주 쉽게 바실리스크(그 눈을 바라보는 사람은 모두 죽게 되는 거대한 뱀)가 있는 방으로 들어갑니다. 이들에게 끌려 들어오다시피 한 록허트는 부끄러운 기억을 감추고 모험의 공을 독차지하기 위해 망각 주문을 시도하지만, 하필이면 고장 난 론의 지팡이를 쓰는 바람에 주문이 본인에게 튕겨져 되돌아와 자기가 누구인지조차 모르는 상태가 됩니다.

최후에 이르러 독자와 세 친구는 '슬리데린의 후계자'가 누구인지 알게 됩니다. 친절하지만 부주의한 해그리드는 물론 아닙니다. 그는 바로 톰 마볼로 리들TOM MARVOLO RIDDLE. 이 이름을 애너그램식으로 자획을 풀어 나누면 이렇게 재배열됩니다. '나는 볼드모트 경이다I AM LORD VOLDEMORT.' 결국 톰 리들이 볼드모트이고, 슬리데린의 후계자는 볼드모트였습니다.

일기장에 기억을 남긴 볼드모트는 해리에게 대체 어떻

게 강력한 내가 파괴되고 너는 살아남았는지 하는 질문을 던집니다. 고작 머글 태생 어머니가 그를 방어했다는 게 볼드모트에게는 믿기 힘든 일이지만, 악당답게 질문을 멈추고 '행동'에 돌입합니다. 해리를 지금 죽이면 되는 겁니다. 그러나 마법 모자에서 검을 꺼낸 해리는 바실리스크와 싸웠고 그때 입은 상처는 불사조 퍽스의 눈물로 치유됩니다. 그는 바실리스크를 무찌르고 그 송곳니로 리들의 일기장을 찔러 파괴합니다.

 이어지는 마지막 장은 흥미로운 후일담 형식을 취합니다. 여기서는 도비가 해리를 뜯어말린 까닭과 도비가 말포이 가문에 속한 집요정이었다는 사실이 드러납니다. 해리는 모험으로 지저분해진 양말에 파괴된 톰 리들의 일기장을 넣어서 '당신의 것'이라며 루시우스 말포이에게 건네고, 이게 퍽이나 반가웠을 말포이는 물건이 자기 것이 아니라고 성질을 부리며 옆에 있던 집요정에게 이걸 던져버립니다. 그 덕분에 도비는 자유의 몸이 됩니다. 양말은 엄연히 옷가지이니까요.
 덤블도어를 통해 해리는 마법 모자가 호그와트의 네 창립자 중 한 사람인 고드릭 그리핀도르의 것이며, '그리핀도르의 검'은 진정한 그리핀도르만 뽑아서 쓸 수 있다는 사실을 알게 됩니다. 이마의 흉터를 통해 어둠의 마왕과 연결된 것도 모자라, 파셀 마우스라는 희귀한 재능까지 지녀서 자기가 슬리데린의 후계자가 아닐까 두려워했던 해리에게 덤블도어는 말합니다.

"바로 그거란다. 그게 바로 네가 톰 리들과 크게 다른 점이다. 우리의 진정한 모습은, 해리, 우리의 능력이 아니라, 우리의 선택을 통해 나타나는 거란다."

크리스토퍼 놀란 감독이 만든 〈배트맨 비긴즈〉에 같은 이야기가 나옵니다. 사라졌다가 다시 나타난 브루스 웨인에게 어린 시절의 친구(배트맨에게는 마음속 연인인) 레이철 도우는 "지금의 너를 말해주는 것은 네가 무슨 생각을 하느냐가 아니라, 지금 네가 무엇을 하느냐야"라고 말합니다. 나중에 배트맨이 되어 등장한 그에게 레이철이 "당신은 누구냐Who are you?"고 묻자, 배트맨은 이 말을 되돌려줌으로써 자신이 누구인지를 알립니다. "나를 정의하는 것은, 내가 가지고 있는 생각이 아니라 내가 하는 행동It is not who I am underneath, but what I do, that defines me"이라고 말이죠.

그렇지만 우리는 이 말을 듣고 결과 지상주의에 빠져서는 안 됩니다. 선택을 통해 우리는 어떤 행동으로 옮겨가게 되지만, 그 행동을 선택하게 된 원인은 갑작스레 일어난 흥이나 분노, 일시적 선심이나 영웅심 같은 게 아니라 마음속에 늘 흐르는 저류undercurrent에서 비롯되기 때문입니다. 이 저류를 배트맨에서는 underneath라고 표현했는데, 일상생활에서 쓰는 말로 바꾸자면 '평소 생각'입니다. 남의 눈치를 살피거나 상황에 떠밀려서 선택하는 게 아니라, 평소에 생각하고 행동하는 대로 선택해야 합니다. 진짜 나를 내보일 수밖에 없는 순간에는 늘 마음속에 흐르던 것이 나타나기 마련입니다.

결국 해리의 선택은 그날 정점을 찍었지만, 사실 갑자기 내린 결정이 아니라 마음속에서 늘 생각해오던 것이었고, 다만 미처 마주칠 북을 얻지 못해 소리가 나지 않던 제 안의 북채가 상황이라는 북과 마주쳐 소리를 낸 것뿐입니다.

그렇습니다. 우리의 진정한 모습은 우리의 능력이 아니라 우리의 선택을 통해서 나타납니다. 그런데 그 선택은 늘 해오던 것입니다. 편지 한 통 없는 친구들에게 속이 상한 해리, 그러나 하루 빨리 개학해서 그들 곁으로 가고 싶은 해리, 자기가 친구들을 해칠까 걱정하는 해리, 친구의 동생을 구하고 싶어서 위험을 감수하는 해리, 남루한 차림새의 집요정 도비를 동등한 인격체로 대우해주는 해리는, 갑자기 위대했던 게 아니라 그런 위대함을 연주해낼 만큼 항상 '착했던' 것입니다.

선택은 생각과 행동을 이어줍니다. 결국 행동을 통해 우리는 그 선택을 보게 되지만, 생각하지 않던 행동은, 더구나 위급한 순간에는, 결코 선택할 수 없습니다.

해리포터와 아즈카반의 죄수

❝ 우리가 두려워할 것은 두려움 그 자체뿐입니다. ❞

비극을 향한 채찍질

『해리포터와 아즈카반의 죄수』는 이제 막 이야기의 불길을 치솟게 하는 분기점으로 읽힙니다. 곧 살펴볼 『해리포터와 불의 잔』이 불을 확 당겨 올릴 텐데, 그에 앞서 풀숲을 베고 모아 슬며시 군불을 때는 것입니다. 아주 신중하게 인물들의 과거를 조명하고, 과거로부터 현재를 재구성합니다.

'피델리우스 마법'은 시리우스 블랙이 유죄라는 심증을 주었지만, 이토록 완벽하고 안심할 만한 확증이 바로 오판의 뿌리가 됩니다. 비밀 파수꾼이 바뀐 줄을 누가 어찌 알겠습니까? 당사자 가운데 둘은 죽었고, 하나는 아즈카반에 있고 하나는 동물로 변신해서 애니마구스로서 살아가고 있는데 말입니다. 심지어 이 편이 끝날 때까지 포터 부부가 비밀 파수꾼을 바꾸었다는 진짜 증거는 나오지 않습니다. 스스로 효력을 발하는 증거 따위는 없습니다. 독자가 해리의 곤궁한 처지에 한줄기 볕이 들기를 바라면서 서둘러 시리우스의 주장을 믿어버렸을 뿐, 엄격한 뜻에서 증거는 나오지 않습니다.

저는 이 작품을 읽으면서 서대문 형무소를 방문했습니다. 이곳은 일제가 독립운동가를 가두고 고문하던 곳입니다. 얄궂게도 해방 후 민주화 운동가들이 고문당하고 수감되었던 곳이기도 하지요. 지금은 박물관이 되어서 이곳의 역사를 보여주고, 일부 체험케 해줍니다. 서대문 형무소는 두 가지 점에서 흥미롭습니다.

하나는 감옥이란 곳이 어떻게 통제되는지 보여준다는 점입니다. 제러미 벤담이 제시한 끔찍한 감시와 통제의 체제인 파놉티콘Panopticon이 거기에 있습니다. 관리자가 한 자리에서 온 방향의 모든 곳을 감시할 수 있도록 되어 있습니다. 이어서 흥미로운 점은 이 박물관이 감옥의 역사 가운데 해방 이후의 종적을 감춘다는 점입니다. 이곳의 모든 통계는 '일제'에 멈추어 있습니다. 방문자는 일제의 만행은 볼 수 있지만, 해방 이후 이곳에서 발생한 수치의 역사는 아무것도 보지 못합니다. 청산되지 않은 친일의 연장에서 벌어진 정치, 군사, 행정의 독재자들과 겉모습만 바꾼 협력자들이 기득권을 지키는 데 법과 권력을 활용한 긴긴 역사를 생략해버립니다. 우리의 반성은 우리 자신에 대한 성찰로 나아가지 못하고 오직 외부의 '절대 악', 즉 오직 타자만을 인식하고, 분노하고 증오하게끔 이끌립니다. 이런 채로는 우리가 같은 잘못을 반복하게 될 것입니다.

감옥이란 곳은 한 시대가 자신을 어떻게 바라보고 어떻게 다루는지를 잘 보여줍니다. 그곳에는 가둔 자와 갇힌 자가 있지만, 정확하게 고쳐 말하면 가둔 자는 가려져 있고, 갇힌 자와 갇힌 자를 감시하느라 같이 갇힌 자가 함께 머뭅니다. 그러므로 감옥은 외부와 분리되어 있는 듯해도, 이 세계가 작동하는 방식을 거울 보듯 비추는 재귀적再歸的 공간입니다. 감옥은 그 시대와 사회의 작동 방식이 가진 가장 어둡고 낮은 지점을 보여줍니다.

아즈카반은 마법사를 가두는 강력한 감옥이지만, 이곳의 강력함은 건물 구조와 같은 하드웨어에 있지 않습니다. 그보다는 지상에서 가장 불결한 생물이라는 간수 '디멘터'로 인해 이 감옥의 강력함이 확립됩니다. 디멘터는 일종의 뱀파이어입니다. 뱀파이어란 타자의 것을 부당하게 취하는 존재들이며, 정작 자신은 아무것도 생산하지 못하는 이들입니다. 불임의 존재이자 흡혈의 존재인 이들을 '막다른 존재'라고 불러도 좋을 겁니다.

막다른 존재인 디멘터는 껍데기만 남기고 존재를 빨아 먹는 진짜 사형, 즉 '디멘터의 입맞춤'으로 불리는 처형을 실시하기도 합니다. 이 고약한 생물은 지금은 득세한 마법부의 통제 아래 가난한 살림을 이어가지만, 언제고 풍성한 식탁을 차려줄 어둠의 마왕을 기다리는 존재로 그려집니다.

작품에는 디멘터에 대적하는 존재로, 이 어둠에서 우리를 구해줄 막강한 빛이자 보호자인 '패트로누스'도 등장합니다. 디멘터는 생물 종이지만, 패트로누스는 마법으로 잠시 구현되는 좋았던 기억, 다시 온몸이 따뜻해지고 환해지는 경험과 상상, 다시 말하자면 내 안에 새겨진 좋은 것들이 압축된 현시顯示입니다. 이것은 환상이지만 환상이 아니기에, 이처럼 실물성을 띠는 놀라운 마법 존재를 소환하는 건 위대한 마법사만이 할 수 있는 일이라고 합니다.

우리는 마법사 세계에서 신화가 된 이야기 말고, 지금 읽고 있는 이야기 속에서 '위대함'에 대한 정의를 쌓아가고 있습니다. 이 또한 '어려운 마법'이라는 점은 변함없고요. 이제 이 어둠과 빛이 엉켜 싸우는 커다란 소용돌이 속으로 들어가 봅시다.

두 발을 번갈아 딛는 이야기1

아즈카반의 죄수는 이런 헌사로 첫 장을 엽니다.

스윙의 대모,
질 프리웨트와 애니 켈리에게

여기에 언급된 사람에 대해 비록 깊이 알지 못하더라도, 어느 독자나 이 작품이 '대모'와 연관될 거라고 생각할 수 있습니다. 더 눈 밝은 독자라면 주인공이 남자아이이므로 대모 대신 '대부'가 등장할 거라고 추측할 것이고, 나아가 제목에 박힌 '죄수'가 바로 그 대부일 거라고도 생각할 것입니다. 이처럼 제목과 헌사를 이으면 단박에 많은 걸 알 수 있습니다.

만약 이런 연결 시도가 실패한다면, 제목이나 헌사 중 한쪽이, 혹은 둘 다가 본문을 거스르거나 그것과 상관없는 것이어서 실패를 유도했다고 생각해도 좋습니다.

참고로 '스윙'은 사람의 이름이 아니라 롤링이 포르투갈에 살 때 자주 가던 클럽 레스토랑의 이름입니다. 질 프리웨트와 애니 켈리는 포르투갈에서 같이 어울렸던 친구들로, 롤링은 그들과 함께 스윙 클럽을 빈번히 드나들었고 스스로를 '스윙의 대모'라고 불렀다고 합니다. 이제 롤링은 헌사에서 자신의 두 친구를 가리켜 스윙의 대모라고 부릅니다. 스윙 클럽을 매개로 자신과 두 친구를 동일시하고, 자기와 같은 자리에 그들을 세운 것입니다.

'부엉이 집배원'에서 작가는 한꺼번에 여러 가지 정보를 쏟아냅니다. 프리벳가 4번지에 사는 더즐리 가족은, 해리가 여름 방학을 싫어하게 된 큰 원인입니다. 마법부의 머글 문화 유물 오용 관리과장이자 론의 아버지인 아서 위즐리는 복권에 1등으로 당첨되어서 700갈레온의 상금을 받고, 이 돈으로 큰 아들 빌이 일하고 있는 이집트로 가족 여행을 떠납니다. 여기서 론은 포켓 스니코스코프(팽이처럼 생긴 장치로, 주변에 수상한 사람이 있음을 알려줍니다)를 구입해서 해리에게 선물합니다.

해그리드와 헤르미온느도 해리에게 선물을 합니다. 해

그리드는 『괴물들에 대한 괴물 책』을 선물합니다. 이 책은 정말 괴물이었습니다. 하지만 해그리드를 탓할 수는 없습니다. 그는 위험한 것에 대한 견해가 다른 사람과 다르니까요. 헤르미온느의 선물은 훨씬 근사합니다. 그녀는 빗자루 수리 장비 세트를 보내주었습니다. 이 물건들은 이번 편에서 어떻게든 효용을 드러낼 것입니다.

'마지 아줌마의 큰 실수'란, 그녀가 해리의 죽은 부모를 모욕한 일입니다. '근본'이니 '암컷'이니 '품종 개량'이니 하는 말들은 누구도 내뱉지 않을 것 같은 말들이지만, 불과 반세기 전까지 유럽 곳곳에서 나름 배웠다는 사람들이 흔히 내뱉던 말들이며, 지금도 세계 곳곳에서 부끄러운 줄도 모르고 발설되고 있습니다. 마지 아줌마는 자신이 내뱉은 말의 허황됨을 증명하듯 풍선처럼 부풀어 떠버립니다만, 이 사건 때문에 해리는 고대하던 호그스미드 방문 허가서에 버논 이모부의 서명을 받지 못했습니다.

이 일로 프리벳가에서 달아난 해리는 매그놀리아 광장에서 어찌할 바를 모르고 주저앉았다가 '구조 버스'를 타게 됩니다. 보랏빛에 3층으로 된 이 멋진 버스에, 해리는 '네빌'이라고 위장하고 탑승합니다. 연작의 끝을 떠올리면 왜 하필 네빌일까, 작가가 짓궂다는 생각이 듭니다. 버스에 타기 전

그는 커다란 검은 개를 목격합니다.

구조 버스를 탄 해리는 다이애건 앨리로 가는데, 거기서 마법부 장관 코넬리우스 퍼지를 만납니다. 그는 무슨 까닭인지 해리 집에서 벌어진 사건을 전혀 문제 삼지 않습니다. 퍼지는 해리를 리키 콜드런의 11호 방에 묵게 해줍니다.

해리가 시리우스 블랙에 대해 알게 되는 건, 구조 버스 안에서 본 신문 때문입니다. 그는 12년 전 무려 마법사 1명과 머글 12명을 합해, 총 13명을 학살하고 붙잡힌 무시무시한 살인마였습니다. 마법부는 이걸 가스 폭발로 위장했는데, 그렇게 위장할 만큼 커다란 참사가 있었던 겁니다. 이 시리우스 블랙이 아무도 도망칠 수 없다던 아즈카반 감옥에서 탈옥하는 바람에, 퍼지는 머글들의 수상에게까지 찾아가서 시리우스 블랙에 대해 경고하고 지명수배를 내립니다.

'리키 콜드런'에서는 학교로 가기 전, 해리가 이곳에서 머물면서 보내는 일상을 서술하는데, 플로린 포트슈의 아이스크림 가게에서 숙제를 하는 건 분명 기분 좋은 일로 보입니다. 중세 마녀 화형에 관한 해박한 지식을 가진 사람이 아이스크림을 파는 건 좀 의아하지만요. 아무튼 해리는 아이스크림도 먹고 숙제도 잘할 수 있었지요. 이후 해리는 론과 헤르미온느를 만나 검은 개가 죽음의 징조라는 말을 듣고, 론의 애완 쥐 스캐버스와 헤르미온느가 새로 들인 애완 고양이 크룩섕크가 격돌하는 모습이 묘사됩니다. 매 장마다 시간과 장소가 함께 바뀌는 것을 묘사함으로써 아직 아무 사건도 일어나지 않았음에도, 독자는 저도 모르게 점점 호흡이 가빠집니다. 이 작품은 앞선 두 편보다 숨이 더 가쁠 것입니다.

이어서는 디멘터와 마찬가지로 극적으로 등장하지만, 정반대로 따스한 R. J. 루핀 교수의 등장을 보여줍니다. 모두가 안전하다고 믿는 기차에 디멘터가 등장하고, 다들 두려워하는 가운데 해리는 실신할 정도로 유난히 그들을 크게 두려워합니다. 그때 객실 구석에 웅크리고 있던 루핀이 디멘터를 쫓아내고 해리에게 초콜릿을 먹입니다.

해리는 기숙사에 도착해서야 '마침내 집에 왔다'고 생각합니다. 스네이프는 루핀을 예전부터 알고 있는 눈치로, 그는 마치 해리 포터에게 하듯 루핀에게 혐오감을 내비칩니다. 그러나 '마법의 약 교수'와 '어둠의 마법 방어술 교수' 사이에 무슨 사연이 있는지는 알 수 없습니다.

'갈고리발톱과 찻잎'에서는 트릴로니 교수가 맡은 점술 수업을 풍경을 비춥니다. 트릴로니와 헤르미온느는 대립하고, 맥고나걸 교수도 트릴로니의 수업에 동조할 수 없는 듯 보입니다. 찻잎으로 점을 칠 때 죽음의 개를 보았다고 생각하는 해리는, 이것이 어떤 징조인지 아니면 원인을 찾아야 되는 일인지 헷갈려 합니다. 징조 대 원인, 즉 감정 대 이성의 대결이라는 테마는 이야기가 진행되는 내내 우리를 시험합니다. 우리는 자꾸 서둘러 결론을 내리고 싶은 마음이 드는데, 이는 작품 전체에 드리운 어두운 그늘 때문일 것입니다.

이 장에서는 헤르미온느의 시간표가 소개되는데, 그녀는 9시에 점술과 머글 연구 그리고 산술점까지 무려 세 가지 수업을 듣습니다. 어떻게 이런 게 가능할까요? 거듭 말하지만, 일어난 모든 일이 같은 무게를 가진다고 할 수는 없어도 일단 쓰여진 이야기는 제 쓸모를 다하기 전에 사라지지 않습니다. 그냥 엉망진창의 북새통으로 취급하고 넘길 게 아니라, 그 이야기가 추후에 어떤 기능을 할지 생각하며 읽어보세요.

해그리드의 첫 수업 이야기도 빼먹으면 곤란할 테지요. 해그리드를 무시하는 말포이는 해그리드의 말을 듣지 않고 (해그리드가 벅빅이라고 이름 붙인) 히포그리프에게 무례하게 굴다가 팔에 상처를 입습니다. 이 일로 해그리드는 교수직에서 파면당할 위기에 몰리고요. 물론 말포이를 너무 걱정할 건 없습니다. 그는 조금 다쳤고, 곧 나을 건데 엄살을 좀 부리고 심술도 좀 부리는 것뿐입니다.

이제 학생들은 벽장 속의 보가트와 마주치고 '리디큘러스 마법'을 통해 두려움은 웃음으로 떨치는 것이라는 걸 배웁니다. 이 장에서 해리의 보가트는 디멘터였습니다. 리무스 루핀의 보가트는 달로 나타나는데, 흔한 애너그램을 해보자면 Remus Lupin은 라틴어로 보름달을 나타내는 Primus Lune을 재배열한 것입니다. 게다가 루핀의 별명은 '무니moony'입니다. 이에 똑똑한 헤르미온느는 루핀이 늑대인간이 아닌가 의심합니다.

루핀은 해리의 보가트가 혹시라도 볼드모트일까 봐 염려하지만 해리의 보가트는 디멘터였습니다. 훗날 해리와의 대화에서 루핀은, 그가 무언가를 두려워하는 게 아니라 두려움 자체를 두려워하고 있다며 진심으로 감탄합니다.

디멘터는 행복한 감정을 먹고사는 뱀파이어입니다. 따라서 디멘터는 곧 두려움입니다. 두렵다는 것의 내용이자 형식입니다. 그러므로 무언가를 두려워한다면 두려움 그 자체를 두려워할 일입니다. 대공황과 제2차 세계대전 기간 동안 재임한 미국의 프랭클린 루즈벨트 대통령이 했던 말도 똑같습니다. 그는 첫 번째 임기를 시작하는 취임 연설에서 "맨 먼저, 단언컨대, 우리가 두려워해야 할 것은 오로지 두려움 자체입니다. 그 두려움은 후퇴에서 전진으로 전환하는 데 필요한 용기를 마비시키는, 이름도 없고 합리적이지도 않으며 근

거도 없는 두려움입니다"라고 말했습니다. 바꾸어 말하면 어느 것도 정말로 두려워할 것은 없다는 뜻입니다.

참고로 영어에서 디멘터의 어근이 되는 dement는 광기나 이성의 상실과 연결된 의미를 가지며, 작가는 '우울증'에서 모티브를 따왔다고 한 적이 있습니다. 그것이 아니라도 '다시는 행복해질 것 같지 않다'는 느낌을 주는 디멘터는 상상만 해도 우울해질 법합니다.

이어지는 장에서, 두려움은 교실의 연습 상황을 넘어 현실로 쳐들어옵니다. 액자 속에서 문지기 역할을 해야 할 뚱보 여인은 달아났습니다. 시리우스 블랙이 등장한 것입니다. 디멘터가 둘러싼 호그와트에 이런 일이 벌어지자 교수들도 당황하고 학생과 학부모들도 위협을 느낍니다. 그럼에도 사람들은 일상을 계속 영위하기로 합니다. 일상의 힘은 강하기 때문입니다. 특히 학교처럼 특별히 정해진 일과를 계속해나가는 곳에서는 더욱 그렇습니다.

루핀은 보가트를 물리치는 수업 다음에 물귀신 '그라인딜로우'를 보여주고, 이를 상대하는 법을 가르칩니다. 그전에 루핀을 찾은 해리는 이 물귀신을 목격하고 보가트 수업에 대해 그와 이야기를 나누는데, 이때 스네이프가 방문하여 루핀에게 마법 약을 건넵니다. 해리는 의심과 의혹으로 잔을

쳐내고 싶은 마음이 굴뚝같지만 루핀은 스네이프를 철석같이 믿고 약을 마십니다.

이 편에서 새롭게 등장하는 캐도간 경은 시리우스 블랙을 기숙사 안에 들입니다. 블랙이 암호를 알고 있었다고 해서 조사를 해보니 늘 암호를 까먹곤 하는 네빌의 암호 쪽지를 크룩섕크가 물고갔다가 우여곡절 끝에 블랙의 손에 들어간 것이었습니다.

해리에게는 '쓰라린 패배'가 기다리고 있습니다. 그는 두 개의 패배를 한꺼번에 겪는데, 하나는 후플푸프의 케드릭 디고리에게 스니치를 빼앗긴 것이고, 다른 하나는 그 원인이 된 사건, 즉 퀴디치 시합 중 디멘터와 마주쳐 추락한 것입니다. 경기에 앞서 헤르미온느가 '임페르비우스 마법'으로 해리의 안경이 비에 젖지 않게 해주었지만, 100여 명이나 되는 디멘터가 모여든 다음에야 해리는 기절하는 것 말고 할 일이 없었을 겁니다.

실제로 친구들은 이 패배를 두고 해리를 책망하지 않습니다. 이 엄청난 디멘터 무리들은 격노한 덤블도어의 패트로누스로 흩어졌지만, 디멘터들을 언제까지고 통제할 수는 없다는 것이 점점 더 분명해지면서 이야기의 호흡은 더욱 가빠집니다. 더불어 해리는 추가적 상실을 겪는데, 그의 빗자루

님부스2000이 성난 버드나무와 충돌해서 부러져버린 것입니다. 해리포터 연작의 애독자라면 누구든지 이 일이 얼마나 가슴 아플지 공감하겠지요.

　루핀을 대신해 어둠의 마법 방어술 수업을 맡은 스네이프는 늑대인간에 대해 가르치고, 헤르미온느는 루핀의 정체를 확신하게 됩니다. 2주간의 성탄 방학이 주어졌을 때, 해리는 위즐리가의 두 쌍둥이 형제 프레드와 조지가 선물한 호그와트 비밀 지도를 사용합니다. 이것은 "나는 지금부터 나쁜 짓을 할 것임을 엄숙하게 선언합니다!"로 펼쳐져서 "마법의 장난 끝!"이라는 말과 함께 사라지는 흥미로운 지도입니다.
　해리는 투명 망토와 이 지도를 사용해서 호그스미드에 숨어들고, 이곳에서 그는 비밀 파수꾼에게만 비밀을 알리고 그가 입을 열지 않는 한 결코 비밀이 새어나가지 않는 피델리우스 마법에 대해 알게 됩니다. 비밀 파수꾼인 시리우스 블랙이 배신해 밀고자가 되어 해리의 부모와 그들의 또 다른 친구 피터 페티그루도 살해했다는 것까지 말이지요.

　해리는 '파이어볼트'를 받습니다. 파이어볼트는 이전에 쓰던 님부스2000은 물론이고 슬리데린의 최신 빗자루와도 감히 비교할 수 없는, 프로 선수들이 사용하는 고가의 고성능 빗자루인데, 정작 누가 이것을 보냈는지는 아무도 알지 못합니다. 이 때문에 빗자루가 어둠의 마법에 걸려 있을 수 있다며 검사를 하기 위해 맥고나걸이 압수해가고, 해리는 위험에 대한 공포보다는 검사 과정에서 빗자루가 망가질까봐 전전긍긍합니다. 공포감이란 이렇듯 어떤 일이 내게 미치는 영향의 거리에 따라 달라지는 거지요. 다행히 빗자루에는 아무런 마법도 걸려 있지 않았습니다.

다음 장에서는 해리가 루핀에게 패트로누스 마법을 배우는 과정을 묘사합니다. 아무리 해리가 파이어볼트를 얻었어도 디멘터에게 속수무책인 이상, 퀴디치 경기에서 실력을 발휘할 수 없기 때문입니다. 패트로누스 마법은 성인 마법사라고 모두 쓸 수 있는 게 아니고, 정말로 뛰어난 마법사만이 쓸 수 있습니다. 이렇게 어려운 마법임에도, 해리는 루핀을 믿고 수없이 연습한 결과 패트로누스를 불러냅니다.

해리는 이 과정에서 루핀에게 자기 부모에 대한 많은 사실을 묻고, 또 듣습니다. 흥미롭게도 해리는 경험하지도, 기억하지도 못하는 과거에서 가장 행복한 기억을 불러오는 것처럼 보입니다. 해리의 패트로누스가 바로 수사슴이거든요. 그의 아버지 제임스 포터는 애니마구스 상태일 때 수사슴으로 변신했습니다.

'그리핀도르 대 래번클로'는 두 기숙사 간의 퀴디치 대결을 그립니다. 이 장에서는 네빌이 잃어버린 암호 쪽지의 행방, 블랙의 등장과 같이 독자의 관심을 끄는 일이 등장하지만, 정말로 주목해야 하는 건 스캐버스가 사라진 일입니다. 이번 편에서 표면의 사건들은 연속성을 갖지 않고 변죽만 울리며, 해리가 탐정처럼 수사해서 정보 조각을 모으고 있는 형편입니다. 별것 아닌 것처럼 보이는 사건들 또는 표면에서 벌어지지 않은 일들이 이 작품의 본 줄거리입니다. 표면에 드러난 일들은 나중에 본 줄거리가 수면 위에 드러났을 때 이를 입증하는 데 필요한 증거이지요. 스캐버스의 실종을 독자가 대수롭지 않게 넘기지 않도록, 이 일로 론과 헤르미온느가 다투는 장면이 그려집니다. 작가는 이 사건을 독자에게 기억시키고 싶었던 것이지요.

두 발을 번갈아 딛는 이야기2

　이야기가 후반으로 넘어가면서 해리를 구성하는 과거 사건들이 드러나기 시작합니다. 대개 아버지 대의 사건들이지요. 이 사건들의 당사자인 스네이프며 루핀 같은 이들이 살아 있고 또 만나고 있기 때문에, 당시의 감정과 사건의 흐름은 여전히 유효합니다.
　제임스 포터의 위험한 장난을 기억하는 스네이프는, 해리의 호그와트 비밀 지도를 입수하고는 역시 위험하고 못된 물건일 것이라 짐작하지만, 이것은 결국 루핀의 손에 넘어갑니다. 한편 해그리드는 헤르미온느의 도움을 받아 벅빅 판결과 관련한 유리한 예증을 찾으려 힘쓰고 해리와 론도 이 일에 연루됩니다.

이 장에서는 벅빅의 이야기를 통해 미래와 연결된 이야기의 선로를 놓고, 비밀 지도를 매개로 스네이프, 루핀, (제임스의 아들인 해리) 포터를 한데 모음으로써 과거에서 연결된 이야기의 선로를 불러냅니다. 스네이프와 제임스와 릴리(결혼 전 성은 에반스)의 인연은 오래고 엇갈려 있습니다. 스네이프가 보기에 제임스는 (물론 시리우스도) 멋진 사람이기보다는 겉만 멀쩡하고 한심한 사람입니다.

'죽음을 먹는 자들'의 인종주의와는 다른 식으로 제임스 패거리는 스네이프를 골탕 먹이고 곤경에 빠뜨리며 즐거워합니다. 이들이 저지르는 차별 행동은 아슬아슬합니다. 제임스가 스네이프를 구했다고는 하지만, 시리우스의 장난으로 인해 어린 스네이프는 죽을 수도 있는 위험에 처했고, 루핀은 살인자가 될 수도 있었습니다. 그렇게 되었으면 덤블도어도 곤란해지기는 마찬가지였을 겁니다. 제임스 패거리는 자만심에 가득 차 자신들이 무엇이든 할 수 있으며, 무슨 일이든 잘될 거라고 믿었던 건지도 모릅니다.

작품은 이 교만이라는 악을 매끄럽게 설명하지 않습니다. 그 대신, 독자로 하여금 그것이 해리에게 드리우는 그늘을 짐작할 수 있게 해줍니다. 그러한 그늘은 '인정'과 '부정' 양면으로 나타나기 마련이어서, 이것은 해리 포터가 결코 아버지 제임스 포터처럼 되지 않게 합니다. 다른 한편으로는 아버지가 저지른 과오의 증거인 스네이프에게 마음 여는 일을 더욱 어렵게 할 것입니다.

15장에서는 퀴디치 결승전을 묘사합니다. 여기서는 헤르미온느의 실수, 기분이 좋아지는 마법에 대한 묘사, 해리의 활약으로 슬리데린을 이기고 퀴디치 우승컵을 거머쥐는 일이 전개됩니다. 이전 장에서 깊은 어둠을 슬쩍 비치더니 작품은 다시 밝고 환해집니다. 그렇다면 다음 장에서는 다시 어둠이 드러날 것입니다. 이 작품은 선과 악, 빛과 어둠을 쫙 펼쳐놓고는 너무 치우치지 않게 골고루 배색하고 다시금 시간 위에 올려놓고는, 그것들이 움직이는 걸 그대로 따라 적은 것만 같습니다.

아즈카반의 죄수는 두 발을 번갈아 딛는 이야기입니다. 과거와 현재가 반복되는 구조가 그러하고, 좋은 일과 나쁜 일이 번갈아 일어나는 게 그러하며, 진실에 다가가는 걸음과 오해로 거짓을 키우는 걸음 또한 번갈아 나타납니다.

아니나 다를까, 이어서 트릴로니는 '자기도 모르는 예언'을 합니다. 어둠의 마왕이 부활하며 부하와 재회할 거라고 말이지요. 심지어 먼 훗날도 아니고 바로 '자정 전'에 말입니다. 도대체 매번 틀리는 예언을 하는 그녀가 어떻게 계속 교수 자리를 유지하는지는 연작의 후반으로 가면서 점차 알 수 있지만, 당장 그는 괴팍한 인물일 뿐입니다.

그럼에도, 오래 묵히는 수수께끼는 그만큼 중요한 것일 테니, 우리는 트릴로니가 적어도 한 번은 맞는 예언을 할 것이고, 그게 이 연작에서 매우 중요한 예언일 것이라고 생각할 수 있습니다. 어둠의 마왕을 물리칠 자에 대한 예언, 그게 어쩌면 트릴로니가 할 예언 아닐까요?

한편 항소에도 불구하고, 벅빅 재판에 패한 해그리드에게, 코넬리우스 퍼지가 사형집행인을 대동하고 찾아옵니다. 그는 결국 위험한 동물로 심판받은 히포그리프 벅빅의 사형을 집행합니다. 이 사건은 다가올 일들에 대한 불안을 더욱 키우는 효과를 냅니다. 이 장에서 웃음을 주는 요소라고는 헤르미온느의 보가트가 맥고나걸이었다는 점뿐입니다.

'고양이와 쥐와 개'에서는 현명한 크룩섕크의 면모를 보여줍니다. 이 고양이는 그야말로 블랙의 도우미인데, 살인마이자 탈옥범인 시리우스 블랙의 도우미인 것이 어떻게 크룩섕크가 현명하다는 증거가 될까요? 앞서 말했다시피 '아즈카반의 죄수'는 해리의 대부일 것입니다. 이야기가 그렇게 되어 있다는 거지요. 따라서 크룩섕크가 궁지가 몰린 대부를 도왔다면, 혹은 대부가 꼭 해야만 하는 일을 할 수 있게 도왔다면, 이 고양이는 독자도 모르는 것을 홀로 아는 현자처럼 행세해도 좋을 것 같습니다.

하여튼 고양이 크룩생크가 쥐 스캐버스를 뒤쫓았다는 건 이해가 갑니다. 그렇다면 개는 누구일까요? 해리가 구조 버스를 탈 때부터 등장했고, 퀴디치 경기장에서 그를 놀라게 한 큰 검은 개 말입니다. 아마 이 개가 해리의 대부이며 아즈카반의 죄수인 블랙일 겁니다. 독자는 이 장과 18장 '무니와 웜테일과 패드풋과 프롱스'를 통해서, 무니가 리무스 루핀이고 웜테일은 피터 페티그루, 패드풋은 시리우스 블랙, 프롱스는 제임스 포터라는 사실을 알게 됩니다.

이 장에서는 스네이프까지 가세하는데, 스네이프는 루핀에게 마법의 약을 주려고 들고 갔다가 자리에 없는 그를 찾아온 참이었습니다. 블랙을 만난 스네이프가 그를 처치하려고 하자 해리와 론과 헤르미온느가 스네이프에게 '엑스펠리아르무스' 마법을 걸어 쓰러뜨립니다. 부모를 죽인 원수라 여겨 시종 미워하던 블랙을 해리가 구해준 거지요.

17장부터 19장 '볼드모트의 부하'까지 세 개의 장 속에 여러 개의 복선이 서로 얽혀 있습니다. 스네이프가 마법의 약을 가져다주려 했는데 그 자리에 루핀이 없었다는 것은 그가 약을 먹지 않았다는 것이지요. 결국 루핀은 늑대로 변신해서 시리우스와 싸우게 됩니다.

　이 와중에 시리우스가 디멘터에게 노출됩니다. 스네이프는 소란 중에 세 사람이 한꺼번에 쏜 무장 해제 마법에 맞아 매우 난처한 처지가 되고요. 이 모든 일들 속에서 해리는 볼드모트의 이름을 말하는 시리우스, 곧 외부의 악에 무릎 꿇게 하는 불안과 공포를 이겨냈음이 분명한 시리우스를 점차 믿게 됩니다. 그는 비록 아즈카반에 갇혔지만 결백했기에 그 결백함으로 제정신을 지켰습니다. 그는 뒤바뀐 비밀 파수꾼이 페티그루라는 것을 알고, 그를 찾아 감옥을 탈출해 호그와트까지 왔다고 말합니다.

　해리는 페티그루를 죽이려는 블랙을 말립니다. 대부 블랙과 가족처럼 살고 싶었기 때문입니다. 그래서 해리는 페티그루에게 '아즈카반으로 가라, 당신 같은 사람 때문에 아버지 친구들이 살인자가 될 수는 없다'고 말합니다.

　블랙은 친구를 배신하느니 자기가 죽는다는 생각을 가졌지만, 피터 페티그루는 어쩔 수 없었다고 생각하는 사람입니다. 블랙은 이제껏 '가장 사악한 마법사인 그자를 따른 결과가 무엇이었는가, 무고한 생명이 희생되었을 뿐'이라고 외치지만, 페티그루는 '그를 거역해서 얻는 게 무엇이냐'며, 만약 그랬다면 그가 자기를 죽였을 테니 도리가 없다는 태도를 보입니다. 블랙은 타인에게 공감하지 못하고, 죄 없는 죽

음에 눈 감고 자기만 살면 된다고 생각하는 페티그루를 향해
'그렇다면 네가 죽었어야 한다'고 으르렁댑니다. 페티그루는
변신하지 않겠다는 약속을 깨고 루핀이 늑대인간으로 변해
혼란한 틈을 타, 쥐로 변해서 도망칩니다.

　　작가는 모든 사건을 되돌릴 수 있는 한 번의 기회를 더
줍니다. 헤르미온느가 오전 9시부터 무려 세 개의 수업을 듣
는 모습이 앞서 묘사되었는데, 사실 이것은 시간을 돌리는 목
걸이 모래시계 덕분이었습니다.
　　헤르미온느는 이걸 세 번 돌려서 세 시간 전으로 돌아가
는데, 덤블도어는 절대로 모습을 드러내선 안 되며, 무고한
생명을 하나 이상 구하게 될 것이라고 암시를 주었습니다.
그러고는 시리우스가 갇힌 곳의 위치, 곧 플리트윅의 사무실
창문도 가르쳐줍니다. 또다시 똑똑한 헤르미온느가 실력을
발휘합니다. 헤르미온느는 이런 수수께끼 같은 말을 제때에
풀이하고 깨달을 수 있는 드문 지성의 소유자입니다. 헤르미
온느는 '한 명'이 아니라 '하나 이상'의 무고한 생명을 구할
거라는 힌트와, 그들이 6월 6일 일몰 전, 그러니까 벅빅을 처
형하기 직전으로 돌아갔다는 점에서 판단해, 시간을 들여서
라도 벅빅을 구합니다.
　　그리고 수사슴 그러니까 패트로누스가 '프롱스'라는 점

에서 아버지가 나타나 대부를 구한 거라고 믿던 해리는 한순간 깨달음을 얻고 직접 패트로누스 마법을 부려 대부를 구해냅니다. 해리가 가진 총명함은 헤르미온느처럼 건축적인 이해가 아니라, 허공을 날다가 뚝 떨어지는 별똥별처럼 좀체 개연성을 드러내지 않는 직관입니다. 이것도 똑똑함이라면 똑똑함이라고 할 수 있습니다.

이제 마지막 한 장이 남았습니다. 이미 전편에서 보아 알다시피 틀림없이 덤블도어가 등장하여 사건의 전모를 밝혀줄 기세이므로, 김이 빠지기 전에 한 가지 이야기를 짚어보겠습니다.

시리우스 블랙은 아즈카반의 죄수지만 실은 죄인이 아니라는 점에서, 이 작품은 해리를 둘러싼 드러난 이야기에 접촉해서 유입되는 숨은 줄거리를 가졌습니다. 그 숨은 줄거리는 시리우스 블랙의 이야기입니다. 이 이야기는 여기서부터 시작해서 앞으로 해리포터 연작의 내용을 부양하는 역할을 할 것입니다. 왜냐고요? 이 작품이 해리와 확장된 해리를 다룬다고 할 때 당장의 접점은 론과 헤르미온느가 많지만, 그 접점의 절대성과 연결된 끈의 강도는 그의 대부인 블랙에 비할 바가 아닙니다. 블랙 또한 '유사 해리'이며, 심지어 해리보다 앞서 살았으므로, 그는 해리의 과거이기만 한 게 아니라 해리의 미래, 정확하게는 해리의 '가능한 미래' 중 하나로 작용합니다.

해리가 블랙과 같이 살고 싶다고 할 때, 우리는 해리가 아버지 제임스 포터를 막연하게 그리워하고 있으며 어느 정도 아버지를 닮기를 바랐다는 것, 만날 수는 없어도 그를 닮음으로써 자기 안에 아버지를 머물게 하고자 했다는 점을 상기해야 합니다. 그래서 해리는 블랙을 닮고 싶어 합니다. 아니 그래야만 하지요. 그렇게 닮으려고 하면서도 닮기 싫어하고, 마침내 그와 자신이 닮은 점도 다른 점도 있는데, 그저 자기 자신으로 성장할 수밖에 없다는 사실을 깨달을 때, 해리는 진짜 어른이 될 것이기 때문입니다.

어른이 되기 위해서는 긍정도 부정도 아닌 새로운 긍정이 필요합니다. 즉 외부의 대상에 연연해서 좌지우지되는 게 아니라, 자기 자신을 긍정함으로써 어떤 변화 속에서도 여전히 자신일 수 있고, 계속 나아갈 수 있어야 비로소 독립한 한 사람의 어엿한 어른이 되는 겁니다. 그러므로 해리는 죽은 아버지와는 기억을 통해서, 살아 있는 대부와는 만남과 동경, 원망 등, 그가 아버지에게 했어야 할 모든 것들을 쏟뜨리며 그와 함께 성장할 것입니다.

앞서 저는 이 작품을 읽을 때 서대문 형무소를 방문했다고 말했습니다. 그곳에서 고문 받고 감금당한 수천 명의 독립운동가 중 다수는 풀려난 다음 다시 독립운동을 계속하다가 도로 붙잡히기를 반복했고, 어떤 이들은 간수를 감화시켜 비록 풀려나진 못했지만 그들의 존경을 받기도 했습니다. 물론 조롱을 더 많이 받았겠지요. 그런데 그 조롱은 정말로 하찮은 것을 대할 때 하는 조롱이 아니라 하찮다고 낮추지 않으면 견딜 수 없는 '높음' 때문에 발생한 것이었습니다.

감옥이란 곳은 갇힌 자뿐 아니라 가두고 감시하는 자도 같이 가두는 곳입니다. 그래서 죄수뿐 아니라 간수도 함께 미칩니다. 그러나 어떤 죄수들은 미치지 않습니다. 그들은 자기 본성을 잃지 않고 자기 본성의 뿌리에 더 깊이 가닿습니다. 그럼으로써 그들은 마르지 않는 양분을 얻고 더 강해집니다. 스스로의 소명과 행동에 대해서도 더 단단한 확신을 얻습니다. 왜냐고요? 그들이 결백해서입니다.

결백함에는 여러 층이 있습니다. 행동 자체의 결백함과 함께, 그들이 이 결백을 통해 얻고자 하는 것이 무엇이며, 그렇게 얻어낸 것이 어디에 쓰이며 누구를 위한 것인지도 중요합니다. 선공후사先公後私. 공의로운 것을 앞세우고 사사로운 것을 뒤로한다는 뜻이지요. 이 짧은 네 마디에는 무궁무진한 이야깃거리가 숨어 있습니다. 이 말은 생명이 어디에서 오며, 행복은 언제 얻어지며, 건강하다는 것은 무엇인지에 대한 올바른 이해를 제공합니다.

서대문 형무소에 갇힌 사람 가운데 여럿은 생활의 제한에도 불구하고 생명은 더욱 무궁해졌습니다. 그들은 짓눌리고 빼앗겼는데도, 아무리 빼앗겨도 앗아지기는커녕 무럭무럭 샘솟아 자기를 살아 있게 하는 물줄기를 마주쳤습니다. 만일 그들이 제 한 몸만 보살폈다면, 혹은 제 피붙이며 살가운 동무들까지밖에 볼 수 없었다면 아마 고문을 이겨낼 수 없었을 것입니다. 그러나 그들이 보살핀 것은 빼앗긴 내 나라였습니다.

그 나라라는 것은 '내'가 죽고 사라져도 남는 것입니다. 나라란 내가 사랑하는 그이와, 그이와 함께 사랑했던 다른 이, 몰라서 아쉽지 알았더라면 깊이 사랑했을 이, 정다운 이, 그런 부당한 대접을 받아서는 안 되는 이, 한심스럽고 안타깝지만 기회를 얻어 더 살아가야 할 이, 그러다가 삶이 더 나아지기를 바라는 그이들 모두입니다.

그들은 가족을 덜 사랑하거나 매몰차게 끊어버릴 수 있는 차가운 심장을 가진 사람들이 아니라, 가족을 떠올리고 마주치기만 하면 심장이 깨어나 뛰는 뜨거운 사람들입니다. 이처럼 시공간을 확장해 제 가족과 제 동무의 범위를 넓혀서 생각할 수 있는 사람들이, 많은 이를 살릴 수 있는 선택을 하고 그걸 지킬 수 있는 것입니다. 그들이 신념을 지킬 수 있었던 것은, 부분적 노력으로 소거할 수 없는 세계 자체를 자기 행위의 대상으로 삼았기 때문입니다. 결국 결백함은 세계에 대한 결백함입니다. 세계를 향해 선 사람은 결백하며, 결백해집니다. 그것은 닳거나 약해지지 않습니다.

시리우스 블랙은 흠결 없는 사람이 아니었지만, 역설적으로 '그 사건'으로 인해 그의 거짓 기쁨은 다 빨려 사라졌고, 그에게는 결백만이 깊이 자리하게 되었습니다. 그는 모자란 사람이지, 죄짓는 사람도 죄지은 사람도 아닌 것입니다. 해리도 그의 대부처럼 자기 운명 안에서 세계를 볼 것입니다. 그렇게 되면 그는 상상이 아니라 사실로 말미암아 올바르게 위치를 측정하고 건널 거리를 잴 수 있게 될 겁니다. 어른이 된다는 건 누구에게나 그런 일입니다.

스네이프는 처형당해야 할 블랙이 기상천외하게 사라지는 바람에 그렇게나 고대하던 멀린 훈장을 받지 못하게 됩니다. 멀린은 아서 왕 전설로 유명한 마법사의 상징 같은 인물입니다. 멀린 훈장 수여에 실패한 스네이프는 그만 루핀이 늑대인간이라는 사실을 발설하고, 이로써 리무스 루핀은 교수직을 사임합니다. 그는 잃었던 친구를 얻은 대신, 직장은 잃었지요.

덤블도어는, 페티그루를 놓아 보낸 일로 번민하는 해리

에게, 그것이야말로 가장 깊은 데서 일어나는 불가해한 마법이라며 자신을 믿으라고 말합니다. 곧 페티그루의 생명을 구해준 것을 매우 기뻐할 때가 올 거라고 말이지요. 이 대목에서는 『반지의 제왕』에서 혐오스러운 골룸을 처치해버리는 게 좋지 않을까 묻는 프로도에게, 간달프가 '살아야 할 사람은 죽고 죽어야 할 사람은 사는데 대체 누가 그것을 알 것이냐'고 묻던 장면이 떠오릅니다. 간달프는 골룸이 아주 중요한 역할을 하게 될 것임을 예감했습니다. 마법사들의 이런 짐작은 틀림없이 맞곤 합니다. 페티그루가 어떤 식으로 이야기에 기여할지는 다음을 기다리면 되겠지요.

덤블도어는, 대부를 만나자마자 헤어져서 조금 더 울적해진 해리에게 '가장 심오하고 가장 헤아릴 수 없는 마법'에 대해 들려줍니다. 그는 묻습니다. "죽으면 우리가 사랑했던 사람이 영원히 우리 곁을 떠난다고 생각하니?" 이어서 스스로 묻고 답합니다. "네 안에 살아 있단다."

이 기나긴 생명에 대해 아직 해리는 온전히 이해하지 못합니다. 그는 이 '생명의 지속'이 자기 안에서, 주로 자기의 기억 안에서 이어지는 걸까 하고 생각하겠지요. 그렇지만 해리가 아버지처럼 프롱스 패트로누스를 불러낸 것은, 그것도 완전히 성체가 된 패트로누스를 불러낸 것은 어떤 기억에 의한 것도 아닙니다. 그에게 깃든 어둠의 힘이라고 손쉽게 생각할 수도 있겠지만, 더 중요한 원인은 세계의 지속성입니다.

　다 자란 프롱스가 패트로누스로 세계 안에 나타났을 때, 그것은 이후 몇 번이고 다시 나타날 수 있게 되었습니다. 해리는 어쨌거나 '프롱스 패트로누스가 있는 세상'을 살아가게 되었습니다. 덤블도어가 해리에게 "네 안에 살아 있다"고 했을 때, 그것은 제임스 포터가 해리의 기억뿐 아니라 실제로 이 세계에 존재했다는 뜻입니다. 그래서 해리는 패트로누스를 불러낼 수 있었던 겁니다.

　그리스도교의 성찬례에서, 사제는 예수의 말을 받아 기도문을 욉니다. "나를 기억하여 이를 행하라." 아남네시스 anamnesis. '기념'이라고 번역되는 이 말은 기억하는 행위를 반복하는 것을 뜻하지 않습니다. 아남네시스는 '기억하고 행하기'입니다. 그렇다면 무엇을 행할까요?

　사랑을 받은 이는 다시 방향을 달리해서 사랑할 수 있습니다. 받았던 이가 이제 주는 이가 되는 것이지요. 아들이 아버지가 되어 다시 그의 아들을 사랑하듯, 같은 행위가 방향을 달리함으로써 사랑은 영속성을 얻습니다. 해리는 단지 머릿속으로 기억해서가 아니라, 다가오는 날들에 그것을 행함으로써 자신의 부모를 영원히 살아 있게 합니다.

　그러나 이 영생은 모든 사람이 아니라 '사랑했던 사람'

에 한정됩니다. 왜냐하면 우리는 우리가 사랑한 것들을 행하기 때문입니다. 어머니와 함께 갔던 그 가게에 딸의 손을 잡고 가는 것입니다. 그리하여 잠시 끊어서 볼 때 매번 악이 더 기승을 부리고 흥하는 것 같지만, 길게 보아 악인들과 그들의 위업은 자꾸 사라지고, 사랑하는 이들과 그 사랑은 무섭도록 질기게 살아남아 점점 그 선을 확산합니다.

여러분 안에 살아 있습니다. 여러분이 악에 괴로워하는 줄은 알지만, 이것을 알기 바랍니다. 여러분이 악에 괴로워하고 선을 갈망하여 차마 악을 짓지 않고 선을 짓는 것, 그것이 선이 승리했다는 확실한 증거라는 사실을요.

이번 여름에는 퀴디치 월드컵이 열린다는군요. 1편 마지막에 지니 위즐리가 등장한 것처럼, 3편 마지막의 퀴디치 월드컵 이야기는 다음 이야기의 복선으로 보입니다. 2편에서는 지니가 직접 세계를 끌고 갔지만, 월드컵은 사람이 아니므로 다음 편에서는 우리의 관심사가 '하나 이상의 무고한 생명'에게로 확장되어 어떤 세계를 불러오는 계기로 한 번 사용될 것 같습니다.

단지 한 번 사용되고 만다는 게 아쉬울 수도 있지만, 월드컵이 달리 무얼 할 수 있을까요? 월드컵은 짧고, 이제껏 사건이 펼쳐진 한 학년이라는 시간, 곧 1년은 그보다는 긴데 말입니다. 어쩌면 퀴디치 월드컵은 맥거핀Macguffin(중요한 듯 등장하지만 실제로는 줄거리와 전혀 상관없이 관객의 주의를 분산시키기 위해 사용하는 극적 장치 혹은 속임수)일 수도 있습니다. 실제로는 아무 의미도 없는데 우리를 의미 있는 곳으로 데려다 주는 장치 말이지요.

그렇다면 월드컵은 두 번 등장할 수도 있습니다. 종목을 바꾸어서든, 장소와 규모를 바꾸어서든지요. 혹은 둘 다일 수도 있지요. 저는 어떤 종류의 시합이 열릴 거라고 생각했고, 퀴디치 경기장이 중요한 장소가 될 것이라 예상했습니다. 이제 말해봤자, 연작이 완결된 지금에 와서 별 이야기는 아니겠지요. 하지만 우리는 다른 작품을 읽으면서도 같은 작업을 해낼 수 있습니다. 만약 우리가 틀리면 어떻게 하냐고요? 그건 작가가 작품 속에 전혀 필요하지 않은 문장을 써넣었다는 걸 뜻할 뿐입니다. 실망하지 마세요. 하지만 지금의 추리는 조금 기대해볼 만합니다.

해리포터와 불의 잔

❝ 호기심은 죄가 아니지만, 조심하는 법도 배워야지. **❞**

해리라는 맥거핀

『해리포터와 불의 잔』은 연작의 네 번째 편입니다. 먼저 헌사를 읽겠습니다.

리들리 씨를 추모하는 뜻에서
피터 롤링과
해리가 벽장 속에서 나올 수 있게 도와준
수전 슬레든에게

위 헌사에서 리들리는 존 위즐리의 이름에 영감을 준, 롤링 가족의 친구인 리들리 가족, 그중에서도 로널드 리들리를 가리키는 것입니다. 작가가 연작의 내용을 다듬을 때 이 친구가 죽었다고 합니다.

피터 롤링은 조앤 롤링의 아버지로, 재산상의 문제를 비롯해 여러 가지 갈등을 겪었지만 친구 리들리를 추모하면서 함께 이 헌사에 포함시켰습니다.

수전 슬레든은 롤링의 교회 친구로서, 롤링이 집필할 때 그녀의 딸 제시카를 돌보아주었습니다. 바로 이 때문에 이 작품의 집필을 해낼 수 있었으니, 해리(작품)가 벽장(작가의 심중)에서 (세상으로) 나올 수 있게 도와주었다고 슬레든에게 인사하는 것입니다.

앞서 저는 헌사를 보면 작품의 성격이나 내용, 방향 등을 추측할 수 있다고 말했습니다. **불의 잔** 첫머리에 올라온 헌사는 작품을 죽음과 연결 짓고 있습니다. 추모하는 이와 "해리가 벽장 속에서 나올 수 있게 도와준"이를 나란히 묶음으로써 1편부터 꾸준히 이어온 해리의 사명이 죽음과의 연결을 통해 이루어질 것임을 암시합니다. 우리는 죽음과의 연결이 선한 이들의 연결 고리를 끊는 것처럼 보일 때라도 도리어 불신과 갈등, 분열 대신에 해리의 사명이자 성장의 비밀인 우정과 연대를 회복하도록 용기를 낼 수 있습니다. 더불어 가장 독립적인 작업인 글쓰기에서조차 도움을 주고받을 수 있고, 이 도움이 꼭 필요하고 정말로 고마운 것이라는 점을 상기시킵니다.

    나는 이런 말을 꺼내는 작가가 고맙습니다. 대개 작가들은, 특히 성공할수록, 그 성취의 모든 것이 자기의 고유한 노력 때문이라는 환상에 빠지기 쉽습니다. 롤링은 이런 유혹을 물리치고 모든 것을 제자리에 두려고 애씁니다. 사실 이런 노력이 작품의 질을 떨어뜨리거나, 감동을 줄이거나, 작가의 공을 가볍게 여기도록 만들지 않습니다. 그럼에도 이런 태도는 드뭅니다.

    *불의 잔*을 읽은 우리는, 해리가 실은 그렇게 대단한 친구가 아니라는 점을 알 수 있습니다. 해리가 겪은 일들은 정말 어마어마하지만, 그 사람됨과 재능이 비범한 수준에 이른 것 같지는 않다는 말이지요. 차라리 프레드와 조지, 헤르미온느가 더 대단하며, 자기가 처한 상황에서 노력하는 모습도 어쩌면 케드릭이나 빅터를 더 칭찬해야 하지 않을까 생각합니다. 매너가 있고 타인을 잘 이해하는가 물으면 패틸 자매를 대하는 모습에서 실망스럽고, 그밖에도 온통 구멍투성이입니다. 더 나아가 해리라는 인물은, 이야기 흐름상 빠져 있는 서술이 무엇일까 상상해볼 때, 조금 밉상일 수도 있습니다. 어쩌면 우리의 표정은 해리를 볼 때마다 차갑게 찌푸리던 스네이프의 얼굴을 닮을지도 모릅니다.

작품에서 인물은 주로 두 가지 방향으로 생성됩니다. 한쪽은 인물을 '채우는' 쪽으로 가는 것이고, 다른 한쪽은 인물을 '비우는' 쪽으로 가는 것입니다. '찬 인물'은 그의 성격이 이야기를 끌고 나가며, 그는 작품의 재미에 상당히 기여합니다. 찬 인물의 설득력은 매우 높고 또 생생합니다. 하지만 독자가 공감하는 데는 한계가 있습니다. 그를 닮거나 이해할 수 있는 사람도 있지만, 그렇지 못한 사람도 많기 때문입니다. 그는 그만큼 더 독창적이고 개성이 강합니다.

반면 '빈 인물'은 극중에서 그에 대한 묘사가 많이 생략되며, 성격이 딱히 강하지 않습니다. 이야기가 요구하는 몇몇 지향성은 드러나지만, 기본적으로 독자 중 누구라도 '나인 것 같아' 하고 공감할 수 있는 인물이 바로 빈 인물입니다.

중심인물과 주요 등장인물이 빈 인물인 작품들은 대개 이야기의 힘이 큽니다. 인물이 그 일을 하지 않으니 이야기가 나서고, 줄거리 자체가 작품의 맛을 좌우합니다. 이런 작품에서는 이야기를 부각시키기 위해 인물을 비웁니다. 물론 어떤 작품 혹은 작가는 꽉 찬 인물을 이용해서 강력한 이야기를 전개합니다. 이런 작품은 매우 드물고 작가가 실패하기 쉽습니다. 훈련된 독자가 아니면 그 밀도와 무게를 감당하지 못하기도 합니다.

그렇다고 해서 찬 인물을 쓰는 이야기는 무겁고, 빈 인물을 쓰는 이야기는 가볍다는 도식이 성립하지는 않습니다. 이는 그저 각 이야기의 속성일 뿐입니다. 다만 롤링이 쓴 해리포터 연작은 로 판타지Low Fantasy로서, 완전히 새로운 세계를 창조하는 대신 우리가 익히 아는 현실을 바탕에 두고서 거기에 상상의 세계를 덧대고 있습니다. 이 작품의 이런 특징은 우리에게 묘한 익숙함으로 다가옵니다.

우리는 해리포터 연작을 읽으면서 영국의 실재하는 어느 학교를 떠올리고, 거기에 보태 작가가 묘사한 것들, 또 그 묘사로 미루어 자연스럽게 알게 된 것들만큼만 상상합니다. 주어진 그림에서 바라는 것 몇 가지를 추가하는 것이, 백지를 받아드는 것보다 더 쉽겠지요. 이에 반대되는 개념이 하이 판타지High Fantasy로 『반지의 제왕』 같은 작품이 여기에 해당됩니다. 이런 작품들은 백지 위에서 완전히 새로운 세계를 펼쳐냅니다.

해리포터 연작은 해리를 빈 인물로 그려냄으로써, 그가 가장 상세하게 묘사되는 때조차 어떤 흐릿함을 남겨둡니다. 해리는 해석의 여지가 많은 아이입니다. 그래서 독자는 누구나 자기를 해리처럼 느낄 수 있습니다. 물론 작품에서 해리는 적잖이 묘사되며, 그의 성격이며 행동 방식, 습관, 외양 등이 기술되지만, 이런 겉모습이 해리가 어떤 아이라고 정확하게 지시하지는 않습니다. 만약 그렇게 읽고 있는 독자가 있다면, 그건 자신의 편견을 그에게 적용하고 있을 가능성이 큽니다. 보세요, 우리는 머글입니다. 머글의 잣대로 마법사인 해리를 규정하다니요!

흔히 해리포터를 성장 소설이라고 하는데, 성장 소설치고는 주인공의 성장상이 별로 드러나지 않습니다. 작품 속에서 해리가 어떻게 변해가며, 어떻게 성숙해가는지는 거의 언급되지 않습니다. 독자는 그저 해리가 컸겠거니 할 뿐, 그가 이 많은 사건을 겪으면서 어떻게 변했는지는 알 수 없습니다.

차라리 독자는 덤블도어가 들려주는 조언을 통해서 '아, 이번 사건을 겪으면서 이렇게 성장하게 되는구나' 하고 알아차릴 수 있습니다. 하지만 이 또한 독자의 생각일 뿐, 해리가 정말 그렇게 성장했는지는 확인할 수 없습니다.

해리는 이야기 속에서 씨줄 같은 역할을 합니다. 액체 속에 담그면 결정結晶을 일으키는 그 씨줄 말입니다. 작품에서는 해리를 둘러싸고 새 인물이 등장하고, 새로운 사건이 벌어지며 새로운 관계가 펼쳐집니다. 변하는 것은 해리 주변의 인물이지, 해리는 묘할 정도로 크게 바뀌지 않습니다. 독자가 이렇게 느끼는 이유는 작품 속 해리의 독백, 즉 마음속 자기 진술이 거의 없기 때문입니다. 작가는 해리의 속마음을 넘겨짚지 않습니다. 그건 바로 해리에게 이입한 독자의 마음이기도 하니까요.

　작가는 해리의 심경과 생각을 오직 이야기를 진행시키기 위해서만 사용한다고 말할 수 있습니다. 해리의 속마음은 작품의 주제와도 상관없습니다. 즉 해리니까 이런 주제에 다다르는 게 아니라는 말입니다. 해리는 주인공이지만, 그는 이 작품에서 독자에게 주제를 전달하기 위해 고안된 텅 빈 배와 같습니다. 공들인 맥거핀, 혹은 자꾸만 맥거핀으로 환원되는 텅 빈 존재말이지요.

　해리 포터 캐릭터가 갖는 약점은 오히려 주제를 부각시키는 데 활용됩니다. 앞서 **불의 잔**의 헌사를 분석하며 말했듯, 이 작품은 '죽음'을 다룹니다. 죽음은 산 자의 연대를 촉구하며, 이 작품의 반복되는 주제를 강화합니다. 여기서 강화되는 주제란 '우정과 용기'입니다.

　해리포터 연작은 처음부터 문제를 해결하고 고비를 넘길 때마다, 친구들의 역할을 강조합니다. 매번 가장 화려한 마지막 무대는 주인공이 장식하지만, 그 무대를 만드는 것은 해리의 적이거나 친구들이고, 주인공을 무대에 올려놓는 것도 언제나 그들이었습니다. 해리 포터는 대단하지만 화려하지 않고, 스스로 겸손을 유지합니다. 대체 어떤 사람이 사건을 직접 공유한 친구들에게 으스댈 수 있을까요?

불의 잔에서 이 점은 더욱 아이러니하게 그려집니다. 해리의 트리위저드 대회(퀴디치 월드컵이 이렇게 모습을 바꾸었습니다!) 참석은 해리의 뜻이 아니라 그의 원수의 소망이었으며, 해리의 손이 아니라 적의 손에 의해 이루어집니다. 문제를 풀어나가는 데 도움을 주는 것도, 호의처럼 보였지만 사실 악의와 적의로 뭉친 음모의 손길이었습니다. 주인공을 죽이기 위해, 주인공이 가지지 않은 지식과 기술을 제공해줍니다. 주인공의 좋은 품성이자 약점이기도 한 연민과 동정, 정직 같은 것들은 도리어 이 대회를 수행하는 데 걸림돌이 되어, 자칫 악한 계획을 좌초시키고 대회에서 승리를 거머쥘 수 없는 쪽으로 작용합니다. 그럼에도 해리는 수많은 타력他力에 의해 승리에 다가가지요.

불의 잔에서 우정은 보조 장치가 아니라 사건 전체를 일으키고 이것을 진행시키는 원천입니다. 론, 헤르미온느와 해리의 좋은 우정뿐 아니라, 볼드모트와 그의 부하 사이의 악하지만 강한 연결도 이야기에 한몫합니다. 해그리드나 도비는 보다시피 해리와 선한 우정으로 연결되어 있지만, 악한 연결이 제 뜻을 실현하는 통로로도 이용됩니다. 그런가 하면 론과의 우정은 어쩌면 사소한 질투로 어려움을 겪는데, 이때 한결같이 우정을 지켜준 헤르미온느가 론과 비교되면서 역설적으로 론과 해리의 우정은 그 무엇과도 바꿀 수 없는 것으로서 강조됩니다. 자연히 헤르미온느와 해리의 우정은 어느 정도 상대화되지요. 이 와중에 론과 헤르미온느의 우정은 다른 감정으로 살짝 변화하는 모습도 보이고요.

이처럼 이 작품은 한 사람의 영웅이 아니라 모자란 소시민의 연대, 심지어 어린 소년소녀의 연대를 그립니다. 그리고 이런 방식으로 조금은 부족한 주인공과 기꺼이 그를 응원하는 이웃 사이의 연대를 사건의 중심으로 끌어올립니다. 이런 점에서 우리는 『레 미제라블Les Miserables』을 떠올릴 법합니다. 이 작품의 축약본을 본 사람은 빅토르 위고가 오직 장발장이라는 인물이 중심이 되는 이야기를 썼다고 오해하기도 하지만, 사실 『레 미제라블』(번역하자면, '불쌍한 사람들')은 제목처럼 여러 사람의 이야기이며, 여러 개의 이야기가 거대한 한 줄기에 얽히면서 더욱 단단하게 서로를 엮는 빼어난 작품입니다. 이에 비하면 훨씬 단순한 구조를 가진 해리포터 연작은, 해리 포터에게서 퍼져나갔다가 다시 해리 포터에게로 돌아와서 단단히 뭉치는 이야기 얼개를 가지고 있습니다.

인물을 볼 때

　불의 잔에서는 트리위저드 대회를 중심으로 이야기를 전개합니다. 이 대회에서 우승하는 것은 본래 개인과 학교의 영광이자 부를 쟁취할 기회이지만, 한 세기 만에 부활한 트리위저드 대회에서 승리하는 것은 저주이자, 해리뿐 아니라 온 세상에 재앙이 됩니다. 이처럼 선한 의도와 악한 의도가 뒤엉켜 전혀 엉뚱한 결말을 맞는 불의 잔의 구성은, 해리포터 연작 일곱 편 가운데 가장 복잡하지만, 가장 성공적으로 구현되었다고 봅니다.
　물론 적잖은 사람이 『해리포터와 불사조 기사단』을 최고의 명작으로 꼽는 것을 압니다. 그것은 제법 독서가를 자처하는 사람의 취향을 자극하는 문장의 힘이 다른 편들에 비해서 강했기 때문이 아닐까 하고 조심스레 추측합니다.

그런가 하면, 어두운 이야기에 끌리는 사람들은 『해리포터와 혼혈왕자』에서 그 짙은 기운을 느끼며 설레기도 합니다. 물론 개중에는 막바지에 큰 사건이 터질 뿐, 이야기 내내 아무런 사건이 없어 보이는 이 작품을 싫어하는 이들도 있지만요. 한편 눈앞에서 펼쳐지는 새로운 세계에 매료된 사람 중에는 첫 작품 『해리포터와 마법사의 돌』을 최고로 꼽기도 합니다.

연작에 대한 이런 상이한 호응은 작품의 결함이 아니라, 이 연작의 매력을 고스란히 보여주는 것 같습니다. 집필 중에는 시간 흐름에 따라 펼쳐졌을 뿐인 작품이, 완성된 뒤에는 여러 처지에 있는 다양한 사람의 관점에서 해석되면서 입체적 매력을 더해가는 것입니다.

그런 측면에서 불의 잔에 입체성을 부여하는 것은 역시 해리 포터가 아니라 주변 인물들입니다. 그중 사랑스러운 우리의 친구 론은 해리 앞에서 연약한, 그러나 참으로도 자연스러운 질투를 드러냅니다. 그러고도 참으로 쉽게 돌아와서 해리와 화해함으로써, 관계에서 진정眞情이 갖는 우위를 새삼 느끼게 해줍니다.

헤르미온느는 동성 친구가 주는 것을 주지 못하는 대신,

참으로 신실한 친구의 전형을 보여줍니다. 그런데 이런 헤르미온느의 신뢰성은 단지 해리와의 관계에 국한되지 않습니다. 특수 관계에서만 생기는 신뢰라면 헤르미온느도 론처럼 어느 순간 해리에게 등 돌리는 우여곡절이 있어야 하지만, 그녀는 그렇지 않습니다.

이렇게 꾸준한 사람이 작품에 딱 한 명 더 등장합니다. 바로 덤블도어입니다. 둘의 유사성이 언급되는 건 거의 본 적이 없는데, 저는 이 점을 진지하게 들여다보아야 한다고 힘주어 말하고 싶습니다. 두 사람은 모두 빼어난 실력을 갖추었고, 좀 괴팍하지만 훌륭한 인품을 가졌습니다. 또 신뢰할 만하고, 때로 아주 무섭고 강한 의지를 보입니다.

어떻게 이 모든 게 동시에 가능할까요? 이건 둘 다 천재성이 아니라 '노력을 신뢰하는 사람'이라는 점(이 둘이 천재인지는 따지지 맙시다), 그렇기에 타인에게도 '성장과 변화가 가능하다고 확신한다'는 점, 그리고 같은 원리로, 지금 당장의 잘잘못이나 빼어남, 못남에 의지하지 않고 '어떤 존재든 평등한 마음으로 대한다'는 점 때문일 것입니다. 바로 이게 두 사람이 공유하는 '정의감'의 원천입니다.

이에 비하면 론은 주변에 흔들릴 사람입니다. 해리 역시 그만한 고통으로 담금질하지 않았더라면, 론과 크게 다르지 않았을 겁니다. 제임스 포터나 그의 친구들이 그랬던 것처럼 말입니다.

사실 해리의 아버지 제임스 포터를 향해 스네이프가 '비열한 사람'이라고 욕하는 것은 정당합니다. 해리에게서 언뜻언뜻 그런 모습이 나타날 때마다 스네이프가 불같이 화를 내고 호통을 치는 것도 딴에는 이해할 만합니다. 그의 이런 모습은 해리를 미워하는 차원을 넘어서, 그가 어떤 선생인지를 나타내는 것 같습니다.

선생으로서 스네이프는 단순히 행동의 시비를 가리고 그것을 교정하는 대신, 더 깊이 들어가 그런 행동을 불러일으키는 근본 태도를 끊임없이 견제하고, 그것에 개입해서 개선하려는 것 같습니다. 반면 그는 슬리데린들을 대할 때는 그런 모습을 보이지 않습니다. 말하자면, 스네이프는 슬리데린 학생들에게는 딱 그만큼의 기대밖에 없습니다. 학생의 됨됨이와 그릇의 크기에 따라서 차별을 하는 겁니다.

또한 스네이프는, 해리의 단짝인 론과 헤르미온느에게는 그보다 더한 것을 요구합니다. 그런 기대가 부담스럽고 답답하고 심지어 부당하게 느껴질 만한 것이라는 점은 압니다. 제 마음도 꼭 그렇습니다. 하지만 몇 번 입장을 바꾸어 생각하면, 스네이프는 좋은 선생입니다. 결과적으로 해리에게 더 이롭다는 면에서 말이지요. 물론 해리를 편애한다는 점은 여기서 빼야겠지요. 덤블도어에게 너그러운 우리가 스네이프에게는 그러지 못할 까닭이 있을까요?

불의 잔에서 가장 극적인 캐릭터이자 입체성이 철철 넘치는 이 인물에 대한 언급도 빼놓을 수 없습니다, 바로 '매드 아이 무디'입니다. 이제 와서야 새삼스러울 게 없지만, 이 입체성은 사실 무디가 진짜 무디가 아니었기 때문에 가능했던 것이기도 합니다. 즉 작중에서 무디라는 인물의 '위치'가 그의 '실상'과 달랐던 것입니다. 겉보기와 속의 위상 차이, 이것이 인물에 큰 에너지를 불어넣습니다. 호그와트에 찾아와서 어둠의 마법 방어술을 가르치는 무디는 형식상 어둠의 마법사를 잡는 '오러'지만, 내용으로서 무디는 전혀 다른 꼴, 즉 '죽음을 먹는 자'이며 그들 가운데서도 가장 충실하게 마왕을 섬긴 바티 크라우치였습니다.

이처럼 의도된 인물의 위상 차이가 독자로 하여금, 그의 악행을 선행으로 읽게 합니다. 그렇게 점점 독자들도 해리처럼 눈이 멉니다. 작가는 이렇게 독자의 눈이 멀도록 이끌다가, 막판에 가서 스네이프가 얼마나 용감한 인물인지 그려냅니다. 그는 카르카로프처럼 도망치지 않았습니다. 도리어 새롭고 위험한 임무를 기꺼이 맡습니다. 거기에 대한 이야기는 연작의 다음 편에서 확인하게 될 것입니다.

어째서 어떤 것은 선이었다가 악이 되고, 어떤 것은 악이었다가 선이 될까요? 인생의 아이러니 혹은 딜레마라 부를 만합니다. 하지만 속아서는 안 됩니다. 선은 선이고, 악은 악입니다. 앞선 표현에 오해의 소지가 있군요. 선이었다가 악이 되는 게 아니라 감추어졌던 것뿐이고, 악이었다가 선이 되는 게 아니라 감추어진 선이었던 겁니다.

물론 사람은 선과 악을 번갈아 선택하기도 하지만, 그가 특정 시점에 발견될 때는 마땅히 선이거나 악인 것이지, 선인 동시에 악일 수는 없습니다.

우리는 자주 '변화'를 핑계로 선악 분별을 포기합니다. 하지만 그래서는 안 됩니다. 무디는 해리 포터를 도왔지만, 그 실상은 해리를 곤란에 빠뜨리려 한 것입니다. 다만 무디의 인도대로 행한 해리는, 결과적으로 무디의 의도와는 전혀 다른 일을 했습니다. 그들이 겉으로 올바른 행동을 했든 어리석은 행동을 했든, 이 행동이 그들의 본질을 바꾸지는 못했다는 걸 명심하세요.

여러분이 누군가의 진가를 알아보려면 잘게 쪼개서 성급하게 보지 말고, 그들을 오래도록 길게 엮어서 보아야 합니다. 마치 '펜시브'에서 생각을 정리하듯, 낱낱의 기억은 또렷하게 하되 이들 하나하나에 휘둘리지 말로 전체 줄거리를 보아야 합니다. 왜냐하면, 그 사람은 그의 이야기이고, 그 이야기가 그 사람이기 때문입니다.

맞습니다. 저는 다시 한번 '이야기를 보라'고 요구하고 있습니다. 앞으로도 이 요구는 계속될 것입니다. 그리고 저는 이 요구를 작품뿐 아니라 우리 인생과 세상사에 대해서도 똑같이 하겠습니다.

관계를 읽기

책을 읽을 때는 제목과 헌사를 먼저 읽으라고 말했습니다. 물론 '차례'도 읽기의 대상입니다. 이는 책의 구조를 가늠하는 일을 돕습니다. 그렇지만 차례에 등장하는 책 부분, 부분의 제목도 진실과 거짓을 함께 포함합니다. 일부러 오해를 유도하고, 필요한 착각을 불러일으키는 데 쓰입니다. 따라서 이 모든 것을 읽되, 더 적확하게 책을 파악하기 위해서는 관계 속에서 인물을 읽어야 합니다.

주인공이 빈 인물일 때, 독자는 관계를 통해 인물을 보는 데 성공하기 쉽습니다. 이런 작품에서 주인공은, 마땅히 갖추어야 할 어떤 자질을 자기 자신뿐 아니라 외부 세계의 다른 인물에게도 둡니다. 이 인물들이 점진적으로 주인공 안에 들어와서 통합되기도 하고, 계속 외부에 머물면서 주인공의 업적을 같이 수행하고 완성하기도 합니다. 그러므로 주인공의 확장 또는 연장인 인물을 찾아야 합니다. 마찬가지로 대립, 대당對當, 보충이 되는 인물도 찾으세요. 주인공은 이들을 점점 흡수하거나 또 변형시킵니다.

예컨대 **마법사의 돌**에서 퀴렐은 볼드모트에 순순히 자기를 내주지 않는 해리와 대비되어, 볼드모트에게 자신을 내주고 마는 인물로 그려집니다. 이 대비가 악과 마주쳤을 때, 자기 결정권과 자기 책임성을 버리지 말아야 한다는 주제를 부각시킵니다.

비밀의 방에서는 록허트가 해리와 대립합니다. 이 작품에서는 명성에 대한 두 사람의 상반된 생각을 대립시킵니다. 록허트는 명성을 얻기 위해서라면 거짓도 마다하지 않지만, 해리는 진실이 아니면 도무지 선택할 수 없습니다. 그런 태도가 해리로 하여금 그리핀도르의 모자에서 '그리핀도르의 칼'을 꺼낼 수 있게 하는 겁니다.

그렇다면 해리의 친구들도 살펴볼까요? 론과 헤르미온느, 덤블도어는 해리의 주변 인물이지만 이미 해리이거나 장차 해리 자신이어야 하는 인물들입니다. 즉 미래의 해리가 가질 덕목을 이미 가진 인물들입니다. 만일 이 이야기가 파괴적 비극으로 끝난다면, 끝내 주인공은 그 자신이 되어야 한다는 명제를 이룩하지 못하고 말 것입니다. 그렇다면 이 주변 인물들은 결코 주인공 곁에 머물지 못할 겁니다.

반면 이 이야기가 비극이 아니라, 극복과 해결을 향한 이야기라면, 그 여정 중에 어떤 비극의 징조가 보이더라도 이들은 해리의 곁을 떠나지 않을 것이며, 결국 해리를 해리답게 만드는 데 일조할 것입니다.

제 생각에 해리포터 연작은 아무래도 후자에 해당할 것 같습니다. 그리고 이로부터 우리는 작품 속에는 결코 죽을 수 없는 인물과 죽어야 하는 인물이 있음을 알게 됩니다. 작품 속에는 늘 두 종류의 사람이 등장합니다. 그리고 우리는 그들이 누구인지 미리 알 수 있습니다.

아즈카반의 죄수는 볼드모트가 어떤 형태로든 직접 등장해 해리와 충돌하지 않는다는 점에서 연작 중 돌출된 작품입니다. 마법사의 돌에서는 현재의 볼드모트가 자기 형체를 못 지닌 채 등장했고, 비밀의 방에서는 과거의 볼드모트가 기억 속 형체를 지니고 나타난 데 비해 아즈카반의 죄수에서 볼드모트는 그저 이야기될 뿐입니다.

불의 잔에서 이야기의 갈등과 그것의 해소는 볼드모트

가 아닌 다른 사람들 사이에서 일어납니다. 그들은 과거를 재규정하거나 규명함으로써 현재의 관계를 바꿉니다. 시리우스는 스네이프와 악수를 나눕니다. 덤블도어가 시켜서 억지춘향으로 한 것이라도 말입니다.

　불의 잔에서는 케드릭 디고리가 죽습니다. 그는 전편(아즈카반의 죄수)의 퀴디치 경기에서 해리를 꺾었습니다. 그럼에도 승리를 뽐내거나 못되게 구는 대신 해리에게 친구로 다가옵니다. 해리의 주변 인물이 해리의 확장으로서 그의 속에 드나들거나 그와 이어져서 함께 움직인다고 할 때, 해리를 이겨버린 이 인물은, 주인공을 바꿀 작정이 아니라면, 빨리 졸업시키거나 외국으로 내보내거나 죽이는 게 수순입니다. 더는 이야기 속에 남겨두기 곤란하지요.

　그러나 그는 주인공을 꺾은 인물이므로 그냥 퇴장시키기는 곤란합니다. 그랬다가는 이후에 묘사될 해리의 승리가 정당화되지 않고, 전부 우연으로 치부될 것입니다. 그렇게 되면 이야기의 탄력이 형편없이 떨어지겠지요. 반면 그가 특별한 방식으로 퇴장한다면 그는 주인공을 꺾을 만한 인물이었다는 당위성을 부여받을 수 있습니다. 즉 케드릭을 잘 예우할수록 해리 포터의 정당성도 강화된다는 말입니다. 따라서 그가 해리를 이길 만했다는 것을 독자가 기분 좋게 인정할 수 있는 후속담이 필요하게 됩니다.

따라서 헌사를 통해 죽음이 예견되고, 후플푸프의 반장 케드릭이 등장하는 순간 우리는 그가 이야기에서 퇴장할 것임을 알 수 있습니다(론이 아니라 말입니다. 론을 더 멋있게 그렸다가는 해리가 받을 조명을 빼앗는 그를 먼저 죽여야 했을지 모릅니다. 그러나 론과 헤르미온느는 어지간해서는 죽일 수 없는 인물입니다). 전편에 이어 **불의 잔**에 다시 등장한 케드릭이, 해리가 마음을 뺏긴 초 챙의 파트너가 되기까지 하자, 이제 작품 속 그의 죽음은 기정사실화됩니다.

작품에서 인물은 중요도에 따라 언급됩니다. 사실만을 기술하는 역사책에서 중요도에 따라 인물의 언급 빈도가 다른 것과 마찬가지입니다. 이게 어긋나면 읽기가 방해받습니다. 더욱이 이미 일어난 일을 기술하는 것이 아니라, 작가의 내면에서 발견된 이야기를 독자에게 전할 때는 인물의 출현 빈도와 중요도의 상관관계는 더욱 커집니다.

만약 작가의 머릿속에서 애초 비중을 두지 않던 인물이 자꾸 떠오른다면, 그는 그 인물을 중요한 사건을 통해 인상적으로 퇴장시키거나, 작품 속 그의 비중을 높이는 수밖에 없습니다. 이야기는 이렇게 일합니다. 이야기는 필연을 따르고 필연을 늘리고 싶어 합니다. 이야기는 그 속성상 우연조차 필연과 관련짓고 싶어 합니다. 우리가 이야기를 읽을 때 그 속에서 벌어지는 일들에서 어떤 당위를 기대하는 이유는 이 때문입니다.

우리는 인물들의 지난 행적에 비추어 그들의 비중을 알고 있습니다. 그래서 비중 높은 인물이 잘 언급되지 않으면 그게 더 수상쩍고, 심지어 이는 작품의 실패로 연결되기도 합니다. 반면 어떤 인물은 아직 작품 속에서 별다른 행적이 묘사되지 않지만, 그의 언급이 잦아지면서 그가 장차 중요해지리라는 것을 알게 되기도 합니다. 물론 그가 이번 편에서 당장 중요해질지, 다음 편에서 그렇게 될지는 다시 식별해야 하지만요.

케드릭 디고리는 전편에서 이미 '주인공을 한 번 꺾은 사내'입니다. 또 이번 편에서 해리가 '제4의 챔피언'인 반면, 다른 두 학교 대표들과 더불어 케드릭은 호그와트를 대표하는 '세 명의 챔피언' 중 한 사람이라는 점에서, 그가 가진 역할이 이번 편에서 드러날 거라고 추론할 수 있습니다. 허접한 이야기였다면 이 아까운 걸 아껴 쓰려다가 김을 팍 새게 하겠지만, 최상의 이야기인 이 작품에서라면 케드릭을 과감하게 **불의 잔** 이야기의 열쇠로 활용할 것입니다.

가뜩이나 그는 해리가 가장 잘하는(어쩌면 유일하게 잘하는) 퀴디치에서 해리를 꺾었기 때문에(물론 해리에게는 디멘터라는 알리바이가 있지만, 이것을 인정하면 나중에 볼드모트와의 대결에서도 알리바이를 대고 꼬리를 내릴 수 있으므로, 속 이야기에서는 부정해야 합니다) 죽음으로써 이야기에 속죄해야 합니다.

　해리가 꽉 찬 인물이라면, 해리의 패배가 해리의 성격적 결을 더 다채롭게 만들어서 이야기에 기여할 수 있지만, 현재 해리는 빈 인물로서 이야기를 수행하는 중이므로, 볼드모트와 해리의 대결이 맥 빠지지 않으려면 해리를 넘어서는 인물이 남아 있어서는 안 됩니다.

세부 사항을 읽기

세부 사항, 즉 디테일은 종종 간과되지만, 잡문이 아니고서야 디테일은 소도구로서라도 복선 역할을 합니다. 이 말은 곧 내용에 쓸데없는 말이 많다면 그 작품은 이미 실패한 작품이라는 말입니다. 뒤집어 말해서 읽을 만한 책, 괜찮은 이야기는 그 이야기의 기술narrative을 위해 사용된 도구들을 아무 뜻 없이 배치하지 않습니다.

불의 잔에서 무디는 첫 수업을 마친 다음 네빌에게 책을 한 권 주는데, 후반에 밝혀지다시피 그 책은 두 번째 시험을 해결할 실마리를 담고 있었습니다. 그러나 해리가 이를 전혀 알아차리지 못하자, 무디는 방법을 바꾸어서 도비를 통해 아가미풀을 전달합니다. 영화에서는 줄거리를 간결하게 하느라 그랬는지, 네빌이 직접 아가미풀을 주는 것으로 바꾸었습니다.

이런 디테일을 발견하는 것은 이야기가 품은 다른 가능성을 탐색하도록 도와줍니다. 이것들은 선택된 내러티브가 이야기를 가장 잘 구현하는 전개인지 볼 수 있게 해줍니다. 세부 사항을 읽고 기술된 이야기와 기술되지 않은 이야기의 다른 가능성을 읽어내는 능력은 고스란히 표면의 진술(내러티브)에서 이면의 이야기(플롯)를 읽어내는 능력이 됩니다. 글로 쓰여지지 않았지만 함께 쓰인 것을 같이 읽게 되는 것입니다.

불의 잔에서는 트리위저드 대회를 둘러싼 해리의 모험이 등장하는 한편, 헤르미온느는 금이야 옥이야 하고 들고 다니던 책 『호그와트의 역사』를 비판하고, '꼬마집요정 해방전선'을 만들기까지 합니다. 여기에는 집요정 도비의 이야기도 엮이고요. 더불어 론과 헤르미온느 사이에 흐르는 미묘한 감정도 긴장을 더합니다.

올리밴더가 네 챔피언의 지팡이를 검사하는 장면도 이야기를 담고 있습니다. 그러나 이것은 굳이 이야기되지 않으므로, 단지 우리는 올리밴더를 기억에 새겨둡시다.

숨어 지내는 패드풋, 즉 해리의 대부인 시리우스는 바깥을 자유롭게 다닐 수 없는 처지지만, 부엉이로 해리와 편지를 교환하고 호그스미드 벌판으로 찾아와 해리를 직접 만나기도 합니다. 물론 변신한 모습으로 말이죠. 작가는 비록 분량이 많지는 않지만 이야기 속에서 줄기차게 시리우스를 불러들입니다. 이로써 시리우스가 마음으로 해리 곁에 있다는 점, 그리고 이 둘 사이에 닮은 점이 있다는 것도 상기됩니다.

리타 스키터와 해그리드 사이에서 보인 헤르미온느의 태도도 주목할 만합니다. 헤르미온느의 활약은 작품 속에서 긴 호흡을 가지고 이루어지며, 어떤 보상이나 목적 없이 그 자신이 품은 정의감에 따라 이루어지고, 아울러 빼어난 균형감 속에서 이루어집니다. 헤르미온느는 어쩌면 해리 포터가 지녀야 할 덕목 하나를 이미 갖추고 있는 듯 보입니다. 덤블도어가 해리에게 건넨 조언을 헤르미온느는 이미 실천하고 있는 겁니다.

"호기심은 죄가 아니란다. 하지만 호기심과 함께 조심하는 법도 배워야지."

다만 그렇게 해서는 모험이 일어나지 않으니까 '비어 있는' 해리가 좌충우돌해야 하고, 그 곁에 론과 헤르미온느가 있어줘야 합니다. 론은 할 줄 아는 게 없어도 늘 곁을 지켜줍니다. 헤르미온느는 모든 일에 동의하지 않아도 늘 곁을 지켜주고요.

세부 사항을 읽는다는 것은 이야기를 추상적으로 받아들이지 말고 구체적으로 받아들이라는 주문이기도 합니다. 사실을 그대로 받아들이는 것은 진실을 선택하고 진리로 나아가기 위해 피할 수 없는 결단입니다. 그 길이 거기 있기 때문에 다른 데로 갈 수 없습니다. 혹시 그전까지는 제멋대로 모여들었다고 하더라도, 이제는 여울목에 이르러 한 길을 지날 수밖에 없습니다. 이야기 속에서 웃고 즐기는 사이에, 이야기는 어느새 우리를 여기 서 있게 했습니다.

케드릭의 주검을 앞에 두고 덤블도어는 측은한 마음에 서둘러 해리를 데리고 나가려는 맥고나걸을 말립니다. 그리고 무뚝뚝하게 말합니다. "미네르바, 해리가 이곳에 남아 있도록 하시오. 해리도 알아야만 하니까 말이오. 지금 벌어진 일들을 마음속으로 받아들이기 위해서는 먼저 상황을 이해하는 것이 우선이오. 그래야만 상처도 완전히 회복될 수 있을 거요." 그래서 해리는 바티를 심문하는 내내 그 자리에 있게 됩니다. 그러고도 모자라 충격에 빠진 해리를 재우는 대신 그가 겪은 일을 모조리 이야기하게 합니다. 해리가 겪은 일을 물으며, "고통을 피하기만 한다면, 네가 마침내 그 고통을 느껴야 할 때는 오히려 더욱 힘들기만 할 뿐"이라고 일러 줍니다.

그로부터 한 달이 지나고, 덤블도어는 대연회장에서 교

장으로서 짧지 않은 연설을 합니다(언제나처럼 말이죠. 한국어판은 37장의 제목을 '딱정벌레의 비밀'이라고 옮겼지만 원서의 제목은 사뭇 다릅니다. The Beginning, '시작'입니다. 위치는 불의 잔의 마지막 장이지만 무언가를 '시작'하는 장인 것입니다. 덤블도어가 학생들과 이야기를 어떻게 성장시키기 시작하는지 그의 말에 귀 기울여봅시다).

"여러분 모두가 케드릭 디고리의 죽음에 대해 정확히 알 권리가 있다고 생각합니다.……하지만 나는 어떤 경우라도 거짓보다는 진실이 더 낫다고 믿습니다.……볼드모트는 사람들 사이에 불신과 적의를 퍼뜨리는 데 뛰어난 재능을 가지고 있습니다. 따라서 우리는 그보다 강한 우정과 신뢰를 보일 때에만 그와 맞서 싸울 수 있을 것입니다.……케드릭을 기억하십시오. 부디 기억하십시오. 만약 여러분에게 올바른 길과 쉬운 길 중에서 어느 하나를 선택해야 할 순간이 닥친다면, 선량하고 친절하고 용감한 한 소년이 단지 볼드모트의 앞길에 우연히 잘못 들어섰다는 이유 하나만으로 어떤 일을 당했는지 기억하십시오. 케드릭 디고리를 기억하십시오."

이제 우정과 용기라는 이 작품의 주제는 우정과 신뢰로 진화합니다. 용기의 정체는 신뢰입니다. 그리고 이러한 용기, 이러한 신뢰를 일으키는 것은 기억입니다. 우리는 부디 그의 희생을 기억해야 합니다. 그 일을 남 일이라고 치부하는 대신 "우연히 잘못 들어선" 사람이 나 아닌 그였을 뿐이었다는 것, 나도 그 악당의 앞길에 우연히 잘못 들어설 수 있다는 점을 아는 것입니다. 이 이유 하나만으로 우리는 그가 어떤 일을 당했는지 기억해야 하는 겁니다.

덤블도어는 퍼지 장관에게 디멘터들을 해고하고 거인 족과 화해하라고 권합니다. 또한 스네이프와 블랙에게도 화해하기를 권유합니다. 불신과 적의가 퍼질 때 맞서 싸우자면 그보다 강한 우정과 신뢰가 필요하기 때문입니다.

해리는 그다운 한마디를 보탭니다. 그는 프레디와 조지, 두 쌍둥이 형제에게 자기가 탄 상금을 다 줍니다. "나는 머지않아 그 어느 때보다도 우리에게 훨씬 더 웃음이 필요해질 거라는 느낌이 들어." 그리고 해리는 이렇게 생각합니다. "그래, 해그리드의 말대로 어차피 일어날 일은 반드시 일어나게 마련이야.……그리고 그 일이 닥치면, 용감하게 맞서 싸우는 거야."

우리를 엄습하는 것은 우연입니다. 우연의 습격 앞에서 우리는 어떤 인과도 미리 마련해놓을 수 없습니다. 세상일이라는 게 내가 심은 원인에 따른 결과만 가져오는 게 아닙니다. 나 말고도 많은 이들이 살아가며, 모두 이런저런 일을 겪으며 변해가곤 하니까요.

그러나 누군가는 필연을 키웁니다. 자기 안에 필연을 키운 사람은 밖에서 무슨 일이 벌어지든 처음의 선택을 지켜낼 수 있습니다. 어차피 일어날 일이 일어날 때 용감하게 맞서 싸우는 것은 다짐만으로 되는 게 아니라, 필연을 쌓은 뒤에만 가능한 일입니다.

연작의 중턱에 이르러 작가는 우리에게 이 이야기가 단지 재밋거리 그 이상임을 노골적으로 드러냅니다. 해리포터 연작이 동화라니요! 이렇게 어둡고, 이렇게 불편하며, 이렇게 사람을 옥죄는데 동화가 될 수 있을까요? 하지만 애초의 이야기들이 그렇습니다. 우리가 신화라고 부르는 오래된 이야기들은 신과 영웅들이 갖은 고초를 겪으며 자기 선택을 지켜내는 이야기입니다. 결국 그렇기 때문에 신화는 여전히 우리의 마음을 울리는 것이고요.

해리포터는 동화가 아니라 현대의 신화를 일으키는 작업입니다. 우리와 조금도 다르지 않은 한 소년 속으로 들어가서 이야기의 흐름을 타고 가는 도중 파도가 높아졌습니다. 여기서 다음 파도가 밀려오면 훨씬 더 큰 혼란과 아픔이 있을 것입니다.

해리포터와 불사조 기사단

" 재능이 아니라 행동이 너를 결정한단다. **"**

황홀한 세계로

해리포터 연작 일곱 편 가운데 『해리포터와 불사조 기사단』처럼 큰 지지를 받는 작품이 없는 것 같습니다. 거기에는 몇 가지 이유가 있겠지만, 두 가지 큰 이유를 꼽아봅니다. 첫 번째는 해리 포터 개인을 중심에 두고 서서히 전개된 선과 악의 다툼이 마침내 두 세력 간 전쟁의 양상을 띤다는 것입니다. 두 번째로는, 이 같은 선과 악의 전쟁터가 내면에서 외부 세계로 넘어왔다는 점을 들 수 있습니다.

불사조 기사단의 헌사는 이렇습니다.

나를 황홀한 세계로 이끌어준

닐, 제시카와 데이비드에게

　헌사가 불러낸 세 이름은 차례로, 롤링이 2001년 재혼한 남편, 작가가 싱글맘 시절에 낳은 맏딸, 롤링이 재혼 후에 낳은 둘째(아들)의 이름입니다. 헌사 속 '황홀한 세계'를 구성하는 것은 이 세 사람인데, 이 말은 이 편에서 무수히 많은 인물이 '한편'으로, 즉 '우리 가운데 하나One of Us'로서 등장할 거라는 점을 예고합니다. 작가는 전쟁의 서막에 앞서 이를 황홀하다고 수식하고 있습니다. 이는 역설입니다.

　전편 **불의 잔**은 제4의 챔피언인 해리 포터 대신 케드릭 디고리가 죽는 모습을 보여주며 이야기를 마쳤습니다. 그 장면에서 해리는 뜻대로 몸을 가누지 못한 채 볼드모트의 부활을 목격합니다. 이때 볼드모트는 '아비의 뼈, 종의 살, 원수의 피'를 가지고 부활하는데, 원수는 물론 해리 포터입니다. 어둠의 마왕이자 군주Lord인 볼드모트를 패퇴시킨 그 갓난아기가 이번에는 볼드모트가 육신으로 되살아나는 데 기초가 된 것입니다.

　볼드모트에게는 다른 원수도 많지만, 해리처럼 그의 존재를 부정시킨 원수는 따로 없습니다. 마치 지우개가 연필로 바뀌기라도 한 것처럼, 삭제 키(delete)가 이번에는 복구 키

(Ctrl+Z)가 되었습니다. 삭제는 일방향이지만 되살리기는 삭제에 대한 '취소'의 신호이며 '연합'(아비의 뼈, 종의 살, 원수의 피)을 통해 실행되었습니다. 엎지른 물을 도로 담을 수 없는 것처럼 한 번 일어난 사건은 일어나기 전으로 되돌릴 수 없습니다. 이전의 위치로 가기 위해서는 다른 활동을 보태야 하고, 그렇게 회복한 것은 좋든 나쁘든, 이미 최초와는 다른 무엇입니다.

호그와트에서 4학년을 마치면서, 해리는 해그리드에게서 "넌 네 아버지처럼 행동한 거야"라는 말을 들었습니다. 그리고 이번 편 맨 첫 장에서, 5학년을 앞둔 해리는 자신의 대부 시리우스를 떠올리며 무엇이든 '아저씨가 했던 행동과 정반대로 할 것'을 다짐합니다.

불의 잔에서 덤블도어는 올바른 인식과 관련해 두 가지 지침을 발설했습니다. 이해야말로 받아들이기 위한 첫걸음이고, 오직 받아들여야만 회복할 수 있다는 것과 "고통을 피하기만 한다면, 네가 마침내 그 고통을 느껴야 할 때는 오히려 더욱 힘들기만 할 뿐"이라는 것입니다. 이 두 가지 지침 모두 그가 늘 강조하던 정직과 용기와 관련되며, 이 두 가치는 하나로는 불완전하고 다른 하나가 함께 발휘되어야 완전해지는 것들입니다. 정직한 자는 용감해지고 용감한 자는 정직해집니다. 정직은 비겁을, 용기는 거짓을 못 견딥니다. 따라서 이 둘을 연합한 것의 다른 말이 '지혜'입니다.

그러나 독자들이 받아든 불의 잔의 후속편은, 현실을 그대로 인식하는 성숙한 해리 포터가 아니라 조급한 가짜 용기로 부풀려진 해리를 묘사합니다. 어쩌면 그것은 당연한 일이지요. 아무리 험한 일을 많이 겪었다고 해도 해리는 여전히 어리고, 어린 그가 겪은 일은 그를 보채도록 만듭니다. 그래서 책장을 넘기는 이들은 이 웃자란 아이가 자신의 빈자리에서 겪게 될 상실이 너무 크지 않기를 바라며, 그의 처지에 공감하거나 답답해할 것입니다. 또 어떤 이는 보이지 않는 위험에 불안을 느끼고 막힌 숨을 쉬려고 옷깃을 풀었을지도 모릅니다.

하지만 어쩔 수 없습니다. 우리가 사랑하는 이들은, 그들이 가족이든 친구든, 우리를 황홀한 세계로 이끕니다. 이 세계는 우리가 마침내 이해하기 전까지는 견디기 힘든 고통의 세계입니다. 만일 내게 아무것도 아닌 것이 부서진다면 나는 그저 바라보거나 지나칠 테지만, 내가 무언가를 사랑한다면 그것이 웃고 우는 대로, 살고 지는 대로 나는 하늘로 날아올랐다가 땅속으로 곤두박질치기를 지칠 때까지 계속할 것입니다. 시몬 베유 Simone Weil가 통찰했듯, 우리에게 소중한 것들이 파괴되는 것은 그것이 실재한다는 증거이며, 우리가 아파한다는 것은 우리가 진짜 사랑하는 세계, 진짜로 서로를 경험하는 세계로 들어갔다는 뚜렷한 표지입니다.

'친척들의 보호하에 있는 한 안전하다'는 이유로 더즐리네에서 머물던 해리는, 리틀윙에서 디멘터들의 습격을 받고 자신과 두들리를 보호하기 위해서 패트로누스 마법을 씁니다. 이 결과 디멘터들이야 물리쳤지만, 미성년자 마법사의 행동 제한 법령을 어겨 퇴학 조치를 받습니다. 그러나 덤블도어의 적극적 개입으로, 개학을 앞두고 열릴 징계 청문회까지 결정이 유보됩니다.

케드릭 디고리가 볼드모트에게 죽임을 당하는 비참한 악몽에 시달리는 해리는, 그럼에도 이 죽음의 악몽보다 큰 전쟁과 모험에 참여할 의지를 키웁니다. 그리고 자신의 대부와는 다르게 숨지 않고 나설 것이라고 생각합니다. 얼핏 멋지게 보이는 이 다짐과 각오는 타인에 대한 신뢰를 줄이고 자기에 대한 과신과 조급함을 키웁니다. 그는 내면에서 고립되고 더 큰 비극과 상실을 불러들입니다.

불사조 기사단의 두 번째 장에는 특별한 장면이 있습니다. 한 번도 해리를 피붙이로 여기지 않던 페투니아가 스스로 이모를 자처합니다. "이모 말 못 들었니? 지금 당장 네 방으로 가!"이 말은 디멘터에게서 두들리를 구했지만 도리어 그를 위험에 빠뜨린 원흉으로 여긴 이모부가 해리를 쫓아내려던 때, 부엉이 떼가 법령 위반을 알리며 퇴학 조치를 전할 때 나옵니다. 덤블도어의 호울러를 받은 페투니아는 문득 모든 것을 기억했다는 듯, 자신이 할 일 혹은 자기 자신을 알았다는 듯이 소리치지요. 해리를 명백한 위험 앞에서 안전할 수 있도록, 친척들의 보호하에 둔 것입니다.

그러나 안전이란 무엇일까요? 내부에서부터 찢긴 이 가족은 더는 안식처가 되지 못하고 기사단은 해리를 이 집에서 빼내어 새로운 집으로 데려갑니다. 진짜 혈육 대신 마음의 혈육에게로 간 것이지요. 불사조 기사단의 은신처이자 블랙 가문의 집으로 말입니다.

이렇게 우리는 황홀한 세계로 전진합니다. 그것이 좋은 일이든 아니든, 내면에 깃든 어둠을 해리가 온 세상에서 확인하는 순간까지 우리는 그 황홀한 세계를 만나야 합니다. 감정sensibility이 이끄는 것도 이성sense이 이끄는 것도 아닙니다. 우리를 이끄는 것은 이야기입니다. 사건은 필연적으로 그렇게 흐릅니다. 잠시 거스를 수는 있어도 우리는 결국 물살을 타고 바다에 이르듯 갈 것입니다.

미리 던지는 물음들

불사조 기사단을 읽으며 다음 몇 가지 물음이 생겼습니다. 더 많은 물음을 떠올릴 수 있지만 일단 다음의 물음부터 생각해보지요.

미성년자에 대한 행동 제한은 정당한가? '필요하다', '필요하지 않다' 말고 정당한지를 묻고 시작해야 합니다. 왜냐하면 필요성을 정당한 방법으로 채우는 것이 올바르기 때문입니다.

많은 경우, 이 같은 행동 제한은 통제받는 대상과도 제한하는 행위와도 상관없습니다. '의도'를 지배하고 결정권을 주지 않는 행위이기 때문입니다. 내가 받는 결정권 제한과 내가 남에게 가하는 결정권 제한에 대해 생각하고, 실제로 행하는 제한과 상상으로나마 바라고 탐내는 제한도 생각해보세요.

우리는 살면서 여러 국면에서 부당하게 여기는 제한을 받고, 또 나는 정당하다고 믿지만 다른 이들은 그렇게 생각하지 않는 제한을 남에게 가하려고 할 것입니다. 그때 그것이 정당한지 살펴보는 눈을 지금 길렀으면 합니다.

예를 들어 흡연의 경우를 생각해보지요. 폐암 치료 중 의사의 경고와 가족의 걱정 속에서도 환자 본인이 원하면 금연을 강제할 수단이 없습니다. 의사가 그에게 금연을 강제하거나 흡연하는 사람을 벌로 다스린다면, 그 필요성에도 불구하고 무언가 잘못되었다고 느낄 겁니다.

청소년 금연은 어떻습니까? 그들의 흡연은 사회가 윤리적으로 반대하고 법률로도 금지합니다. 그런데 그것이 청소년의 심신미약 때문일까요? 대부분의 청소년이 그 시기에 잠시 흡연한다고 폐암 환자만큼 건강을 해치지 않고, 그 시기가 지나면 건강한 상식과 사유를 통해 끊게 될 거라고 반론하면 어떨까요? 반대로 청소년기는 여전히 성장하는 시기로 신체가 형성 중이고, 건물을 다 짓기 전 덜 마른 시멘트를 밟고 다니지 않는 것처럼, 아직은 잘 보살펴야 할 때며, 이 시기 행동이 평생 건강을 결정한다고 반박할 수도 있을 것입니다.

그러나 양쪽이 무어라고 떠들든 다 추측이고 주장일 뿐이며, 어떤 필연성도 없습니다. 분명한 것은 한쪽이 의도를 가지고 다른 한쪽을 지배하려 한다는 것뿐입니다. 이것이 분명한대도, 이런 사실은 축소하거나 은폐한 채 선의를 부풀려 떠드는 것이 정당할까요?

필요를 묻는 동안, 우리는 전체주의자가 될 수 있습니다. 해리 포터가 조금만 덜 중요한 인물이었거나, 덤블도어가 조금만 덜 힘 있는 인물이었다면, 해리 포터의 큰 선행(자신과 두들리를 구한 것)은 작은 잘못(머글들 앞에서 마법을 써서는 안 된다는 규칙)에 묻혔을 것입니다. 더구나 그의 선행은 시대와 장소를 불문하고 선이지만, 그가 저지른 잘못은 시시때때로 바뀌어온 것입니다. 즉 필요에 따른 것이라는 말이지요. 사람들은 자주 필요성을 내세우지만 그것은 어쩌면 정당성 입증의 성가심과 불편을 피하려는 편의적이고 상상적인 처방일지도 모릅니다. 이 처방이 우리로 하여금 큰 악을 저항 없이 받아들이도록 하는지도 모릅니다.

볼드모트가 찾는 무기는 트릴로니의 '예언'이라는 '이야기'입니다. 볼드모트는 수년 전 이미 예언의 내용을 듣고 적수가 성장하기 전에 제거하고자 해리를 공격했습니다. 그러나 그는 실패했지요. 어쩌면 과도하게 신중해져서 예언의 전체를 살피지 못한 것이 실패 원인이라고 생각한 볼드모트는 이제 예언 전체를 확보하려고 합니다.

덕분에 그의 반대 세력은 볼드모트에게 저항할 힘을 확충할 수 있었습니다. 해리는 그 사이에 성장했고요. 볼드모트의 집착은 이후 여러 가지 행동 제한을 부하 및 스스로에게 가하며, 해리와 일행을 거듭 살아남게 돕습니다.

볼드모트가 적수를 돕고 키우게 된 꼴이 된 것은 기묘한 역설이지만, 이것이 이야기의 힘이자 속성입니다. 한번 자기 안에 하나의 이야기가 자리 잡으면 그 이야기에서 어지간해서는 벗어날 수 없습니다. 내가 이야기를 들으나 듣지 않으나 이야기는 자기대로 흐릅니다. 다른 이야기를 찾거나 만들 때까지, 하나의 이야기는 연달아 사건을 일으킵니다. 드러나는 것은 사건의 연쇄지만 사건끼리 인과관계를 갖지 않습니다. 그저 물밑에서 사건을 연결하고 있는 필연성에 따라 이야기가 흘러가는 것입니다.

여러분이 집착하는 완전성은 무엇인가요? 우리는 자기와 이웃을 어떤 이야기에 가두고 있을까요? 편견이나 선입견이라는 말로는 부족합니다. 이 흘러가는 탈 것(이야기)에 우리는 생각할 수 있는 모든 것을 태웁니다. 배가 부서져서 가라앉을 때까지, 밖으로 어떤 것도 내보내지 않고 말이지요.

마법 모자는 해리를 슬리데린에 배정하려다가 그리핀도르에 배정했고, 헤르미온느도 원래는 래번클로에 배정하려 했다는 게 이번 편에서 새롭게 드러났습니다. 복수複數의 가능성 가운데 어느 것이 내 삶이 될 것인지 하는 질문에 우리가 미리 알고 대답할 수 있을까요?

루나 러브굿은 거의 미치광이 취급을 받습니다. 동무들은 사실 그를 따돌리고 있습니다. 죽음을 본 자의 눈에만 보이는 세스트랄을 함께 본 것으로 루나와 해리는 친구가 되지만, 론과 헤르미온느는 이를 내켜하지 않습니다. 루나 러브굿에서 해그리드까지, 정상과 비정상, 멀쩡한 것과 이상한 것, 안전한 것과 위험한 것을 가리는 기준은 무엇일까요. 그 기준이 온당한지 생각해보았나요? 아니라면 지금 한번 생각해볼 수 있을까요?

정신방어술인 오클리먼시는 마음을 비우고, 감정을 털어버림으로써 자신을 통제하는 것입니다. 이것은 마법이 아닙니다. 해리 포터 세계에서 매우 특별한 기술입니다. 마법과 싸워 이길 수 있는 기술인 셈이지요. 마법사, 머글 할 것 없이 오직 정신을 가진 인간이기에 가질 수도 있고 잃기도 하는 게 마음입니다. 이런 마음을 읽거나, 읽히지 않도록 막는 것은 책을 덮거나 펼치는 것보다는 어려워 보입니다.

오클리먼시는 마음을 닫는 방법으로 자신을 통제하는 길을 제시합니다. 자기를 조절, 통제해서 마음을 방어하는 것과 감정 사이의 관계는 무엇일까요? 감정을 느끼는 게 나쁜 것일까요, 아니면 감정에 휩쓸리는 게 나쁜 걸까요?

사실 감정은 신체에서 비롯합니다. 머릿속 잠든 정신이 바깥 세계를 느끼려면 몸을 깨우는 수밖에 없습니다. 오직 내 몸이 느끼고 판단합니다. 세계를 느끼는 건 몸입니다. 몸은 감각한 것들을 감정으로 울려 퍼뜨립니다. 감정은 세계와 나 사이를 연결시켜서 생생하게 합니다. 그렇지만 감정이 지나치면 자기를 잃어버릴 수조차 있습니다. 심지어 감정이 밀려들고 쓸려나가는 평범한 순간에도 휴식은 필요합니다. 소통은 좋지만 우리에게는 비밀도 필요하기 때문이지요. 빛을 낮추고 어두컴컴한 데서 쉬면 마음은 더 나다워져서, 또렷하면서도 잘 휘고 탱탱해집니다. 마음이 빈 듯 감정이 잔잔해질 때, 비로소 세계를 그 모습 그대로 볼 수 있습니다. 그제야 비로소 감정이 주는 것들을 믿을 수 있습니다.

어둠의 숲에 사는 켄타우로스 가운데 한 명인 피렌체는 시종일관 인간의 무능과 무지에 관대합니다. "인간은 원래 열등하니까"요! 그러나 다른 켄타우로스들이 인간 종과의 교류를 모욕으로 여기는 데 비해 피렌체는 이를 '차이'로 받아들이며 협력하려고까지 합니다. 다름에 대한 여러분의 태도와 생각은 어떤가요? 여러분은 누군가를 혐오하거나 낮춰 보지 않을 만큼 존엄하고 자유로운가요?

    해리 포터는 7월의 마지막 날, 그러니까 7월 31일에 태어났습니다. 새 학기는 9월 1일에 시작됩니다. 해리가 호그와트에서 5학년이 되면 그는 만 15세가 되는 것입니다. 해리의 친구 중 몇몇은 새 학년이 시작되어도 아직 만 14세일 거고요. 어느 쪽이든 한국에만 있는 '세는 나이'로 치면 16세입니다. 열여섯, 즉 이팔청춘이라는 말이지요. 이몽룡과 성춘향이 사랑에 빠지고 일생을 약속하고, 이 일로 이후 인생의 방향을 틀어버린 일대 사건을 저지른 나이기도 합니다. 이른바 '중2병'에서 막 벗어날 때입니다. 다르게 말하면 해리가 자기에 대한 객관적 인식을 얻을 기회, 자신과 자기 삶에 객관적 거리를 갖게 될 때라는 말이기도 합니다.

    그럼에도, 얼마 전 눈앞에서 볼드모트의 부활과 케드릭 디고리의 죽음을 본 해리로서는, 그 많은 배신과 적의를 본 까닭에 아직 객관적 거리를 터득할 시간이 없었던 듯합니다. 아마 해리는 더 잃어야 할 겁니다. 동아시아에서는 대기만성 大器晚成이라고 하여, 큰 인물은 그 인물이 가득 차 이루어지는 데 오래 걸린다는 인식이 있습니다. 해리가 볼드모트와 맞서려면 이 정도 상실도 아직 부족한 모양입니다.

해리포터를 성장 소설로 본다면, 각 편은 각 시기의 발달 과제를 보여준다고 할 수 있습니다. 해리는 때로 성공했고, 간혹 실패했습니다. **불사조 기사단**에서 여러분은 사건의 힘이 인물들을 통해 어떻게 작용했는지, 또 해리가 성장을 위해서, 혹은 성장을 하면서 치른 값이 얼마인지 헤아려보아야 합니다.

인물과 사건 사이의 길항 관계

앞서 해리포터 연작을 성장 소설 범주에 넣는다면, 각 편은 각 시기의 발달 과제를 보여줄 것이라고 했습니다. 그 성장은 다른 무엇보다도, 해리가 각 인물 및 사건과 맺는 관계를 통해 이루어집니다. 따라서 여기서는 **불사조** 기사단에서 사건이 각 인물 사이에서 어떻게 작용했는지 알아보겠습니다. 또 해리가 성장하면서 어떤 대가를 치렀는지도 이야기해 보겠습니다.

해리포터에서 선한 편과 악한 편은 각각 덤블도어와 볼드모트를 우두머리로 삼고 있습니다. 덤블도어가 타인을 설득하는 방식으로 영향을 미치는 반면, 볼드모트는 타인에게 명령하고 강제한다는 점은 다른 점입니다. 덤블도어는 불사조 기사단을 통해서 볼드모트 세력에 대항합니다. 볼드모트는 루시우스 말포이를 통해 마법부 장관인 코넬리우스 퍼지를 조종하며, 퍼지는 죽음을 먹는 자들은 아니지만, 그렇게 될 소지가 충분한 돌로레스 엄브릿지를 호그와트에 파견해서 덤블도어를 견제합니다. 또 퍼지는 『예언자 일보』를 이용해서 해리를 공격하고, 이는 덤블도어에게도 부담으로 작용합니다.

흉터를 끈 삼아 서로 연결되어 있는 볼드모트와 해리 포터는, 점차 꿈을 통해서도 서로 연결됩니다. 해리는 이 작품의 처음부터 자기가 볼드모트처럼 될 것을 염려하는데, 아마도 이 둘 사이에는 유사성이 아주 많기 때문일 겁니다. 자기가 파셀 마우스, 즉 뱀의 말을 한다는 것을 안 뒤부터는 더욱 그런 두려움을 가집니다.

그때도 덤블도어는 해리가 마법 모자에서 그리핀도르의 검을 뽑아든 것을 상기시키며, 그것은 진정한 그리핀도르만이 뽑을 수 있다고 알려주었습니다. 이어서 '우리의 진정한 모습은 우리의 능력이 아니라, 우리의 선택을 통해 나타나는 것'이라고 말합니다. 그러나 해리는 5학년이 되어서도 아직 그 두려움에서 벗어나지 못하고 있습니다. 이에 덤블도어는 다시 강조합니다. "재능이 아니라 행동이 너를 결정한다"라고요. 이런 관점은 해리포터 연작을 내내 관통합니다. 그리고 이런 관점을 가장 분명하게 확신하는 인물은 덤블도어 교장과 헤르미온느 그레인저입니다.

아, 덤블도어는 계속해서 교장일 수 없었습니다. 그는 마법사들의 대법원인 위즌가모트 마법사장과 국제마법사협회 회장직에서 거푸 물러난 것도 모자라, 이제 그의 집이라고 할 수 있는 호그와트에서도 엄브릿지에게 밀려납니다.

이런 일들이 벌어지기 전, 아직 덤블도어가 교장인 동안 새 학기를 맞은 대연회장에서는 마법 모자가 새로운 노래를 부릅니다. 이 노래의 주제는 견고하고 진실한 우정으로 잘못과 두려움이 일으키는 틈을 메우고, 위험을 깨닫고 징후를 읽고, 역사를 살피고 거기서 경고와 위협을 읽어내어 결국 단합해야 한다는 것입니다. 헤르미온느는 덤블도어가 '불신과 적의'가 퍼질 때 그보다 강한 '우정과 신뢰'가 필요하다고 말한 것을 기억합니다. 마법 모자의 노래도 결국 '단결해서 다 함께 일어서자'는 내용이었습니다.

이러한 때에 해리는 짜증과 부끄러움, 화 같이 복잡다단한 감정을 경험합니다. 엄브릿지는 실질적인 배움을 모두 없애고 이론에만 치중하도록 지도하며 '여기는 학교이지 현실 세계가 아니'라고 하지만, 해리는 '그럼 현실 세계로 나갈 준비를 하지 말라는 건가' 하고 반문하며 그녀에게 맞섭니다.

사실 정도의 차이가 있을 뿐 대개 어른들은 젊은이들이 아직 어리다고 생각해서 그들이 실제의 삶을 살아가는 것에 반대합니다. 아직 그런 삶은 그들 몫이 아니고 결코 그들이 잘해낼 리 없다고 믿습니다. 그러므로 그들에게 저항은 불필요하고 정도가 심하면 나쁜 일로 간주합니다. 기성세대와 새로운 세대는 잘 화합하고 많은 것을 주고받을 수 있을 것 같지만, 이런 간섭과 불신은 마땅히 공생해야 할 서로를 대립하게 만듭니다.

덤블도어가 아이들을 배우고 자라게 만들었다면, 엄브릿지는 가르치고 길들이려 합니다. 둘은 교육에 대한 생각이 아주 다릅니다. 덤블도어는 미래를 인용하는 능력, 다음에 올 것들을 결정하는 능력과 권리가 학생들에게 있다고 믿습니다. 반면 엄브릿지는 과거를 인용할 임무와 이미 결정된 것들을 앞으로도 이행할 의무가 학생들에게 있다고 믿는 것 같습니다.

엄브릿지가 해리에게 퀴디치 평생 출전 금지 처분을 내리는 경악스러운 사태가 벌어진 가운데, 헤르미온느는 학생들이 어둠의 마법 방어술을 반드시 익혀야 한다면서 그 교사로 해리가 적임자라고 의견을 밝힙니다. 하긴 그도 그럴 것이 볼드모트와 맞선 건 해리뿐이니까요. 론도 물론 같은 생각입니다. 해리는 실력보다는 적절한 도움과 때마침 맞은 추측으로 얼떨결에 해낸 것뿐이라며, 권유를 거절하면서 '직접 겪는 것은 전혀 다르다'고 항변합니다. "너희들은 그게 어떤 건지 몰라."

그렇지만 그 지점이 또한 헤르미온느의 생각과 만나는 지점이기도 합니다. "바로 그 때문에……우린 네가 필요해. 우린 알아야만 해. 그자와 대면하는 게 어떤 건지." 호그스헤드Hog's head 술집에서 무려 25병의 버터 맥주를 함께 해치우며 헤르미온느가 말합니다. "왜냐하면 볼드모트가 돌아왔거든."

해리는 뜻밖에 많은 이들이 참여할 의사를 밝히자 결국 제안을 받아들입니다. 그러고는 도비에게 문의해서 28명이 쓸 수 있는 크고 알려지지 않은 '필요의 방'의 존재를 알아냅니다. 이 방은 원하는 데 생각을 집중해서 방문 앞을 세 번 오고 가면 찾을 수 있습니다. 이곳에 모인 아이들은 자신들의 모임 이름을 D.A. 즉 '덤블도어의 군대Dumbledore's Army'라고 짓습니다. 아직 O.W.L.(표준마법사시험)도 치르지 않은 헤르미온느는 가짜 갈레온을 변하게 하는 N.E.W.T.(고난도마법사시험) 수준의 변화 마법을 써서 D.A. 멤버들 사이의 소통을 돕습니다.

D.A.를 진행하면서 해리는 진작부터 마음에 둔 초 챙과

서먹한 관계에 들어섭니다. 이 긴박한 가운데도 일상의 기쁨과 슬픔은 매일 피고 집니다. 얼마 전에는 시합이 다가오자 자신이 서툴러서 경기를 망칠까 봐 의기소침해진 론의 뺨에 헤르미온느가 입을 맞춘 일도 있었습니다.

우리가 긴 어둠의 굴을 지나는 것만 같을 때도, 정신을 차리고 떠올리면 생각 밖으로 밝은 일상이 틈틈이 비치고 있음을 발견할 수 있습니다. 구름이 잔뜩 낀 때라도 하늘에는 변함없이 해가 비치고 있기 때문입니다. 어떤 비극조차도 기쁨과 승리를 포함하는 희망의 터 위에서 벌어지는 일입니다.

이윽고 D.A.가 문제가 되어 덤블도어는 교장직에서 해직되고, 아즈카반으로 잡혀갈 위기에 처하지만 탁월한 마법으로 주변의 혼을 쏙 빼놓고 달아납니다. 해리의 꿈을 매개로 이제 덤블도어의 군대는 볼드모트가 찾는 그 예언('볼드모트를 없앨 아이가 있고, 볼드모트와 그 아이 중 하나는 죽는다'는)을 찾아갈 것입니다. 물론 볼드모트도 같은 예언을 찾겠지요. 그러나 D.A.는 그것을 파괴하기 위해서 예언을 찾고 있고, 볼드모트 패거리는 그것을 탈취하기 위해서 예언을 찾고 있다는 점이 다릅니다. 결국 우리는 이 중대한 예언이 늘 엉터리인 트릴로니가 한 예언이라는 사실도 알게 됩니다. 덤블도어는 그 예언을 직접 들은 당사자였습니다.

덤블도어의 해직 얼마 후 프레드와 조지 형제는 학교에서 대단한 마법 솜씨를 부려 소동을 일으키고 결국 학교를 떠납니다. 해리는 이미 전편에서 "나는 머지않아 그 어느 때보다도 우리에게 훨씬 더 웃음이 필요해질 거라는 느낌이 들어"라며 트리위저드 상금으로 받은 갈레온 전부를 두 형제에게 준 바 있습니다. 아마 이제 곧 프레드와 조지는 장난감 가게를 열겠지요. 이즈음 해리는 시리우스에게 연락합니다.

학교라는 별세계에 그들을 가두려는 엄브릿지에 학생들이 저항할 때, 불사조 기사단원인 맥고나걸이 해리에게 한 말은 새겨들을 만합니다. 그것은 진실 대 거짓으로 겨룰 일이 아니라 '자중하고 감정을 조절하는 것의 문제'라는 것입니다. 해리는 꿈속에서 뱀에게 물려 피투성이가 된 아서 위즐리를 보고(그 뱀은 해리였습니다!), 이를 주위에 알려 그의 목숨을 구합니다. 그렇지만 해리 자신이 볼드모트와 어떤 식으로든 깊이 연관되어 있기에, 덤블도어의 지시로 스네이프에게서 오클리먼시(정신방어술)를 배우게 되지요.

볼드모트가 '타인의 감정과 기억을 빼앗는 능력'(생각을 빼앗는 게 아닙니다)인 레질리먼스의 대가라면, 스네이프는 이를 방어하는 오클리먼스의 대가입니다. 한마디로 마음을 들키지 않는 재주로 스네이프를 능가할 사람은 없습니다. 그런 그가 오클리먼스의 요체는 마음을 비우고 감정을 털어버리는 것이라고 가르칩니다. "너 자신을 통제해봐!" 이 요구는 현실에서 '자중하고 감정을 조절'하는 성숙함을 요구하던 맥고나걸의 목소리와 겹칩니다.

해리는 짜증, 변덕, 질투 등에 더해 호기심까지 강합니다. 이것들을 통제하는 것이 그의 자기 수행 과제이며 곧 발달 과제입니다. 그러나 이를 수행하는 데 실패하고 호기심을 발동한 결과, 펜시브에서 스네이프의 가장 끔찍한 기억을 보게 됩니다(불의 잔에서도 해리는 호기심을 못 이기고 펜시브 안에서 덤블도어의 기억을 보았습니다. 그때 덤블도어는 "호기심은 죄가 아니란다. 하지만 호기심과 함께 조심하는 법도 배워야지"라고 충고했지요. 그럼에도 아직 해리는 조심하는 법을 배우지 못했습니다).

펜시브에서 스네이프를 괴롭히는 제임스 포터를 본 해리는 아버지에 대한 막연한 환상이 깨집니다. 그 결과 오클리먼시 수업 중 스네이프와 충돌하고, 그를 상처 입히며 결국 훈련은 중단됩니다. 이 실패는 해리의 실패이자 우리 모두의 실패입니다. 왜냐하면, 해리는 빈 인물이기 때문입니다.

어떤 당위나 필요만으로 우리는 과제를 수행하지 못합니다. 그것은 자주 실패하고, 재시도 끝에야 성공합니다. 큰 실패 없이 과제를 수행하는 건 깊은 애정, 동경 같은 호감에 의해서 가능합니다. 하지만 해리는 디고리의 죽음을 기점으로 마음이 들끓고 있고, 대부와 모든 걸 반대로 해야겠다는 생각과 아버지에 대한 실망이 뒤엉켜 마음을 진정시키지 못합니다.

해리는 맨바닥 위에서 버티듯 뒹굴고 있습니다. 그 바닥마저 꺼지면 가만히 서 있기도 힘들겠지요. 모험심에 가득 찼지만 종종 어른스럽고 의연하던 해리가, 아이러니하게도 마침 친구들을 이끄는 중심에 선 이때 와르르 무너질 차비를 마친 듯 보입니다.

우리는 이 실패가 어떤 것인지 더 자세히 알아야 합니다. 이걸 아는 것은 매우 중요한 일입니다. 사실 실패는 많은 것을 감추고 있습니다. 그중 가장 큰 비밀은 타인의 실패가 나의 실패가 된다는 사실입니다. 이 간단한 사실을 잊어버림으로써 우리는 실패자의 목록에 어김없이 자기 이름을 적어 넣습니다.

해리가 실패하는 동안, 다른 사람들도 어느 정도 실패하고 있었습니다. 스네이프는 해리에게 '너 자신을 통제하라'고 요구했지만 정작 그 자신은 시리우스나 루핀과 여전히 대립하고 그 속에서 불행감을 느낍니다. 그럼에도 할 일은 하지만, 하필 진짜 전쟁의 최전선에 있는 참호를 비웠습니다. 참호는 바로 해리의 정신입니다. 해리는 반드시 정신을 방어

해야 했지만 방어하는 법을 모르고, 스네이프는 방어하는 법을 알지만 그것을 끝내 다 가르치지 못했습니다. 한편 시리우스와 루핀은 다른 일로 초조해하고 있습니다.

이 모든 실패 가운데 해리의 연속된 실패는 무섭기까지 합니다. 해리는 학교에 여전히 남아 있는 불사조 기사단원인 스네이프를 믿고 그를 통해 덤블도어에게 닿으려는 생각조차 하지 못했습니다. 우리의 주인공은 우리를 점점 더 난처하게 만들고 그를 응원하는 것을 머쓱하게 합니다.

반면 이 빈 인물에게서 일어나는 일들은 다른 이들의 참여와 기여를 가능하게 합니다. 해리가 실패하는 동안 헤르미온느와 론은 성공하고 있었다고 볼 수도 있을 겁니다. 심지어 네빌이나 루나 러브굿도 말이지요. 헤르미온느는 꿈속에서 살해당하는 시리우스를 보고 조급해하는 해리에게 "하지만 이건……이건 너무 말이 안 돼"라며 '볼드모트의 방식' 즉 '유혹'에 빠지지 말라고 상기해줍니다. 헤르미온느도 장기간 숨어 지내던 시리우스가 무모한 짓을 저지른 것인지 우려되었지만, 감정에 치우치지 않고 벌어지는 상황을 냉철하게 바라본 겁니다. 분노와 짜증이라는 감정에 사로잡힌 가운데서도 해리는 이것이 '우정과 신의'라는 것을 알아차립니다. 헤르미온느는 자신의 판단을 거슬러서라도 함께하고자 노력하는 모습을 보여줬거든요.

그러나 안타깝게도 해리의 계획은 엄브릿지에게 발각됨으로써 실패하고 맙니다. 시리우스에게 위험을 알리는 수단으로 엄브릿지의 벽난로를 선택한 것인데, 이 계획으로 해리 일행은 일망타진당합니다. 이때도 헤르미온느는 침착하게 기지를 발휘해서 엄브릿지를 홀립니다. 바로 '무기'와 '덤블도어'라는 두 단어로 말이지요. 이 두 단어는 엄브릿지를 유혹에 빠뜨리기 충분했습니다. 해리 일행과 금지된 숲에 들어간 엄브릿지는 켄타우로스와 마찰을 일으키고, 해리 일행은 세스트랄을 타고 마법부로 직접 향합니다.

작품의 등장 인물들은 서로를 완전히 믿지 못하지만, 그럼에도 누군가에게 신뢰를 보이고 자기 속내를 내비칩니다. 감정이나 기억처럼 밖으로 드러나고 훔쳐볼 수 있는 것 말고, 오직 자신의 전체로서 꺼내놓을 수 있는 '생각'을 직접 나눔으로써 이들은 한 사람을 신뢰하는 법을 배우고, 한 사람에게 신뢰받는 것이 무엇인지 경험합니다. 그리고 이 우정과 신뢰가 불신과 적의로 뭉친 사슬보다 강하다는 것을 보여줍니다. 비록 사슬과 사슬의 접점은 한 점 혹은 두 점에 불과하지만, 그렇게 연결되어 퍼져나간 우정과 신뢰는 충분히 강한 것입니다.

해리의 실패에도 불구하고, 자중하고 감정을 조절하며

자신을 통제하는 헤르미온느의 노력이나, 같은 정도로 묘사되지는 않지만 자신의 선택을 후회하거나 번복하지 않는 론과 지니, 루나, 네빌 들의 한결같은 노력이 이 사슬을 완성합니다. 이 사슬은 누구의 손에 쥐어지고, 또 누구의 발과 목에 둘러질까요?

격돌

 이윽고 예언을 둘러싸고 '볼드모트와 죽음을 먹는 자들'과 '덤블도어와 불사조 기사단'이 충돌합니다. 이들이 격돌하기 전 D.A. 멤버들은 죽음을 먹는 자들과 마주칩니다. 해리는 예언을 찾는 길에 베일 덮인 아치문을 발견하는데 거기서 시리우스의 칼이 녹아버립니다.
 이 사건은 드디어 몸소 나서서 문제를 해결하려는 해리들의 마음에 홍조로 다가옵니다. 독자도 똑같이 마음이 불편해지고요. 이 복선은 늘 해리 곁에 있던 시리우스의 칼을 녹여 없애버림으로써, 해리 마음속에 늘 존재하던 시리우스가 사라질 것임을 예고합니다. 아마 이건 피할 수 없는 이야기의 수순이었을 겁니다. 그 동안 크고 작은 희생을 치르며 점차 커져온 '단합'의 영역, 즉 우정의 순수성에서 비롯된 용기가 끓는점에 이르자면 그의 죽음이 필연적입니다.

시리우스 블랙을 죽인 것은 벨라트릭스, 즉 시리우스의 사촌입니다. 이로써 고귀하고 유서 깊은 블랙 가문에는 한 사람도 남지 않게 됩니다. 칼이 사라지고, 예언이 사라지고, 시리우스도 베일 속으로 사라집니다.

해리포터 연작은 처음부터 우정을 주제로 다루어왔습니다. 우정은 용기와 신뢰, 나아가 희생을 요구합니다. 불의 잔에서 해리는 선한 의도와 악한 의도 양쪽에서 도움을 받는 기묘한 상황에 처했습니다. 이번 편에서 해리는 이를 자각합니다. 자기가 잘나서가 아니라 적절한 도움과 적절한 추리, 얼떨결에 한 적절한 대응이 죽을 수도 있었던 자기를 살렸노라고 말이지요(혹시 마법사의 돌 제1장 제목이 기억나시나요? 바로 '살아남은 아이'입니다).

결국 해리는 이 도움을 구조화한 연대를 만드는데, 이것이 바로 덤블도어의 군대입니다. 이 또한 헤르미온느의 생각을 받아들인 결과지요.

이렇게 우정의 폭을 확장하는 가운데 그는 '자기 조절'의 과제를 받는데, 이를 잘 수행하지 못한 결과로 해리가 잃은 것은 그가 가장 소중하게 여기는 것, 즉 유사 혈육인 시리우스입니다. 새삼 교훈을 얻자고 이 비극을 세세하게 푸는 게 아닙니다. 옷감을 풀어 옷의 정체를 밝힐 순 없습니다. 옷을 입어야만 옷의 정체를 온전히 알 수 있듯, 우리는 이 비극을 그냥 그대로 느껴야 합니다. 자신의 과제를 불성실하게 수행한 끝에, 그간 겪은 기쁨과 슬픔, 발견과 상실을 훌쩍 뛰어넘는 큰 상실에 직면한 해리의 마음을 고스란히 느껴보아야 합니다. 그래야만 우리는 실패의 길에 홀려서 같은 잘못을 반복하는 일을 막을 수 있습니다.

어쩌면 시리우스도 해리 때문이 아니라 자기 자신 때문에 죽은 것인지도 모릅니다. 혹은 죽음은 이 모든 인과관계와 상관없이 우연하게 닥쳐오는 것인지도 모릅니다.

시리우스가 벨라트릭스에게 죽임을 당하자, 해리는 슬픔뿐 아니라 분노에 휩싸여서 그를 쫓습니다. 주저 없이 크루시아투스 저주를 쏩니다. 벨라트릭스는 이 와중에 '크루시오'를 외칠 때 필요한 팁을 줍니다. "야비해져야 해! 진짜로 고통을 주고 그걸 즐길 줄 알아야 한단 말이야."

그러나 두 사람은 결판을 내지 못합니다. 이름을 말할 수 없는 그 사람, 볼드모트가 직접 나서고, 반대편에서는 '볼드모트가 유일하게 두려워하는 단 한 사람'인 덤블도어가 나섰기 때문입니다. 둘의 다툼 끝에 볼드모트는 떠났지만, 이제 모두가 그의 부활을 알게 되었습니다. 『예언자 일보』는 다시 '살아 돌아온 그 소년'을 보도합니다.

초토화된 마법부를 뒤로 하고 해리와 덤블도어는 호그와트의 교장실에서 다시 마주하는데, 이때 교장실 액자 속 역대 교장들이 한마디씩 합니다. 시리우스 블랙의 조상인 피니어스 나이젤러스는 "학생들은 된통 오해받는 걸 훨씬 좋아한다"고 빈정대지요.

사실 그렇습니다. 사람의 몸은 열 달 만에(통상의 셈법으로 하면 아홉 달이지만, 열이라는 숫자에 부여한 특별한 의미 때문에 아기가 배 속에 머무는 기간은 28일을 한 달로 셉니다. 280일, 곧 40주 동안 아기는 엄마의 뱃속에 머물지요) 태어나지만, 좁은 골반의 제한으로 몸이 충분히 여물지 않은 상태에서 세상에 나옵니다. 동물 중에 인간처럼 오랫동안 돌봄과 보호가 필요한 종은 없습니다. 우리는 그렇게 태어나고도 7년이 지나야, 부모에게서 받은 몸이 이 세상에서 내가 숨 쉬고 먹고 움직여서 만들어낸 몸으로 바뀝니다. 세포 가운데 교체 주기가 가장 긴 뼈가 완전히 바뀌었다는 표시가 바로 '이갈이'입니다.

사람은 태어나고 약 7년이 지나야 영구치가 납니다. 그리고 다시 7년 동안 감정이 생겨나고, 또다시 7년이 지나야 자기 생각이 태어납니다. 즉 세 번의 7년을 거쳐야 하는 것이지요. 이것이 플라톤 이후 오랫동안 이어져온 7년 주기설의 설명입니다.

호그와트 학생들은 **불사조 기사단** 편에서 두 번째 7년, 즉 감정이 태어나는 시기를 보내고 있습니다. 후반으로 가면 생각이 태어나는 시기도 겪지요. 비록 몸은 독립했으나 마음은 자꾸 누군가에게 의존하고 싶어 하고, 한편으로 그런 의존이 자기 독립성을 훼손시키는 것 같아서 작게는 귀찮아하고 크게는 적대감까지 갖습니다. 이런 상태에서 감정을 독립시키려 하니, 이해받기보다는 차라리 오해받는 게 한결 더 편하고 다행스러운 법이지요. '나는 저 사람의 일부가 아니라 분명 나로구나' 하면서 말입니다.

덤블도어는 피니어스의 이 뼈 있는 말을 뒤로 하고, 자기의 실수를 이야기합니다. 그것은 바로 '늙은 자'의 실수입니다. 사실 이 비극은 해리의 미성숙과 맹목, 조급증에 시리우스의 처지 등이 맞물려 빚어진 것이라고 볼 수 있습니다. 덤블도어에 따르면 그의 실수는 '피할 수 있다고 생각했고 반드시 피해야 한다고 생각했던 함정', 즉 해리를 너무 아끼는 마음에서 비롯되었습니다. 그는 냉정한 거리를 유지하며 정확한 판단을 내리고자 했지만, 해리를 아끼는 마음은 제때 모든 것이 제자리에 있게 두질 않았습니다.

다행히 스네이프가 활약했습니다. 그는 침착하고 사려 깊고 신속합니다. 갑작스러운 임기응변이 아니라 꾸준하고 오랜 관심의 결과로 해리의 행적을 추적해서, 불사조 기사단이 해리 일행을 구하러 가는 데 도움을 줍니다. 이는 덤블도어의 실수와 대조되어 탄식을 뱉게 합니다.

등장인물들이 이해할 수는 있지만 피할 수 있었던 실수를 곳곳에서 저지르는 동안, 스네이프만은 어지러운 사건들 사이를 뚫고 지나가며 이들을 바로잡을 기회를 만들었습니다. 이 장대한 실수담 속에서 실수를 피한 것은 스네이프뿐입니다. 헤르미온느는 다른 의미로 실수의 곁에 서면서도 스스로는 그르치지 않았습니다. 이 점도 기억해야 할 것입니다.

이제 사라진 예언을 정리해보겠습니다. 비록 예언은 사라졌지만, 그날 그 자리에서 예언을 직접 들은 덤블도어가 해리에게 트릴로니의 예언을 들려줍니다. 첫째, 어둠의 마왕을 물리칠 힘을 가진 자가 출생한다. 둘째, 어둠의 마왕이 동등한 존재라는 흔적을 남길 것이다. 셋째, 그러나 그는 어둠의 마왕이 알지 못하는 능력을 가질 것이다.

사실 예언에서 언급한 날짜와 출신 배경을 가진 아이가 한 명 더 있었습니다. 바로 네빌입니다. 어쩌면 해리와 네빌 두 아이 모두 예언이 지시한 존재일 수 있었음에도, 볼드모트는 자기의 적수를 '혼혈'에게서 찾았던 것입니다. 그렇게 해서 한 아이만 이마에 흉터를 지니게 되었습니다.

늘 문이 닫힌 방이 있습니다. 그곳에는 죽음보다 더 놀랍고 무서운 어떤 힘이 있는데, 인간의 지능이나 자연의 힘보다도 더 거대한 힘이라고 합니다. 혹시 그것은 마음일까요? 그것을 무어라고 칭하든, 그 힘이 바로 해리가 가진 힘이고 해리가 지금껏 써온 힘입니다.

해리는 사람들을 바라봅니다. 이야기 속에서 이 부분은 정말 잘 묘사되어 있습니다. 비록 볼드모트와 직접 싸우지는 않더라도 호그와트 학생 모두의 마음속은 온통 선과 악의 전쟁터입니다. 철학자 베른하르트 벨테가 말한 것처럼, 자신이 '유한과 무한의 겨룸터'라는 것을 발견하고 느끼기 시작한 열여섯 소년 해리와, 다른 여느 학생들의 내면과 외면 풍경을 섬세하게 그려냅니다.

"해리는 자기도 그 사람들 속에 섞이고 싶은 건지 아닌지를 알 수 없었다. 사람들과 어울려 있을 때는 언제나 어딘가 혼자 가버리고 싶고, 혼자 있을 때는 또 어김없이 사람들과 어울리고 싶은 게 그의 심정이었다.……해리는 잠시 눈을 감았다. 그리고 그들이 모두 사라져버리고, 다시 눈을 떴을 때는 그곳에 자기 혼자만 남아 있으면 좋겠다는 생각을 해보았다. 그는 오래전부터 낙인찍힌 사람이었다. 다만 이제까지 그게 무슨 뜻인지 모르는 채로 지내왔을 뿐이었다.……기분에 따라서 생각이 변하고 또 변했기 때문이었다. 그러나 확실한 게 한 가지 있었다."

시리우스를 잃고 성을 내는 해리에게, 덤블도어는 위로를 마다하고 지금 느끼는 감정을 부끄러워하지 말라고 말합니다. 반대로 이렇게 고통받을 수 있다는 것이 해리가 지닌 가장 큰 힘이라고 말합니다. 불멸을 위해 인간성을 버린 어둠의 마왕과 싸우는 상대는 무엇보다도 우선 '인간'이어야 하기 때문입니다. 괴로워하는 인간, 괴로움을 고스란히 느끼는 인간 말이지요.

해리는 그렇다면 자기는 인간답고 싶지 않다고 절규하지만, 그는 고통과 황량荒涼을 경험한, 영원토록 변화하는 인간입니다. 그는 우리와 똑같이 다른 사람과 어울리는 게 즐겁기도 하고, 그렇지 않기도 합니다. 그럼에도 해리는 자신과 세계 사이가 건널 수 없을 정도로 멀어졌다고 느낄 때조차도 그리워합니다. 이 모든 괴로움에도 그는 스스로 그리워하므로, 여기 이 세계의 일원인 것입니다.

시리우스가 준 선물은 '양면 거울의 반쪽'이었습니다.

그 거울을 썼더라면 해리는 미스터리 부서로 가지 않았을 것이고, 볼드모트에게 예언을 안내해주지 않았을 것이며, 대부를 그리로 이끌지 않았을 것입니다. 하지만 그건 '기분에 따라서 생각이 변하고 또 변할' 일일 뿐입니다. 이미 일어난 일이기도 하고요. 그런 생각에 빠져 있어봤자 겪어야 할 고통을 다 겪어내는 걸 지연시킬 뿐, 그렇게 미룬 고통은 마침내 감당할 수 없게 됩니다(기억하세요, 덤블도어가 이미 해리에게 알려주었습니다). 그럼 떠나보낸 이들의 희생을 헛되게 하는 결과를 낳겠지요.

불사조 기사단의 마지막 문장은 아래와 같습니다.

"그리고 돌아서서 햇살이 내리비치는 거리를 향해서 천천히 걸어갔다. 버논 이모부와 페투니아 이모와 두들리가 종종걸음을 치며 허둥지둥 그의 뒤를 따라갔다."

전편에 이어서 작가는 묻습니다. 고통은 나쁘기만 한 것일까요? 희생의 기억은 어째서 우리를 강하게 만들까요? 물론 희생 자체에 우리를 강하게 만들 목적 따위는 없습니다. 그러나 치러낸 희생은 의도했든 아니든 흔적을 남깁니다. 그것은 상처이고 흉터지만, 저주로 연결된 것이 아니라 사랑과 우정, 신뢰로 연결된 것입니다. 희생 자체에 질문을 던질 필요는 없습니다. 희생이 질문이고 우리의 선택과 그에 따른 행동이 대답이기 때문입니다. 이 작품은 큰 희생을 치르는 과정에 있는 한 사람의 고투를 다루고 있습니다. 우리에게 그런 순간이 닥칠 때 해리를 기억하면 좋을 것입니다.

해리포터와 혼혈왕자

“ 그래, 단지 사랑이란다. **”**

어둡고 느리고 맥박 뛰는 이야기

표면적으로 활기에 차 있지만 불운이 드리운 **불의 잔**을 지나서 비극과 실패를 전면에 내세운 **불사조 기사단**까지 읽었습니다. 이제 이야기는 확연하게 어두운 그늘을 드리웁니다. 이제쯤 하늘이 내내 먹구름에 덮여 있다고 해도 이상하지 않겠습니다. 『해리포터와 혼혈왕자』에서는 독자가 더는 어둠을 피할 수 없도록 시간을 천천히 축적합니다. 일부러 멀리 과거로 거슬러오르고, 인물들 사이에는 전처럼 요란하게 드러나는 역동성 대신 물밑의 감정들이 오고갑니다.

혼혈왕자에서 작가는 헌사를 이렇게 적습니다.

나의 아름다운 딸 맥켄지에게
그녀의 '잉크와 종이로 된 쌍둥이'인
이 책을 바칩니다.

롤링은 막내딸 맥킨지를 **혼혈왕자** 집필 중에 낳았습니다. 그러나 단지 그 때문에 딸에게 작품을 헌정했을까요? 설령 표면적으로 두 사건이 동시에 일어났기 때문에 그랬다는 게 사실이더라도, 작가는 이 사실을 범상한 일이 아니라 비범한 우연, 곧 운명처럼 읽었을 것입니다. 비록 전편(불사조 기사단)의 끝에서 트릴로니의 예언을 듣게 된 여러분이 네빌과 해리 중 누구든 운명의 아이가 될 수 있었고, 볼드모트의 충동과 추정에 따라 우연히 해리가 선택되었음을 알고도, 여전히 해리에게 그런 운명을 읽어내듯 말입니다.

'잉크와 종이로 된 쌍둥이'라는 표현은 롤링이 이 두 존재에 쏟은 정성이 극진했음을 알려줍니다. 또 태어난 아기에게 그러했듯, 작가가 이 작품 또한 더도 덜도 없이 그대로 받아들였음을 일러줍니다.

이 작품은 생명을 갖습니다. 그 생명은 빨리 달리던 차가 방향을 틀 때 속도를 줄이듯 느리게, 우리가 이제껏 알아온 것들이 바뀔 거라는 것을 알려주며 선회합니다. 이 작품은 느립니다. 서서히 온갖 것을 독자에게 알려주며 천천히 돌아갑니다. '호크룩스'를 찾는 데 걸리는 지난함을 생각해 보세요! 호크룩스를 만드는 데 빌미가 되는 역사 속 사건을 학습하고, 그에 앞서 호크룩스를 감추거나 찾아 없애는 다른 이들의 발자국을 확인하며 차곡차곡 시간을 쌓아갑니다. 그 단단한 토대 위에서 사건은 대미를 불태웁니다.

작품은 첫 장을 '또 다른 수상'으로 엽니다. 조금 떨어져서 나란히 가던 두 세계가 마구 뒤엉킵니다. 그렇기에 마법부의 장관은 영국 수상에게 경고합니다. 그 경고는 점차 인류 사회 전체로 퍼질 것입니다. 작가의 다른 작품 『퀴디치의 역사』를 보면 마법부는 '어둠의 마법을 제어'하기 위해 탄생했습니다. **혼혈왕자**에서 마법부는 자기 존재를 직접 증명해야 하는 입장에 처해 있습니다. 그들이 이 일을 혼자서 할 수 없다는 점은 마법부의 나약함을 보여준다기보다 예부터 많은 철학자들이 꿰뚫어본 대로, 모든 선善이 이어져 있다는 점을 떠올리게 해줍니다. 왜냐하면 우리는 마법부가 더 강하지 못해 시시하다고 생각하기보다, 맞닥뜨린 악이 강대하다고 느끼기 **때문입니다**.

이러한 직관은 명시적이지 않더라도 우리의 모든 지식과 경험, 사유에 오래도록 축적된 결과가 발현된 것입니다. 사건과 마주치면 우리 안에 기록된 이것들이 살아나 읽힙니다.

선한 쪽이 시시한 게 아니라 악이 거대하다는 걸 느끼기에, 내부의 적만큼 위험한 것도 없을 것입니다. 나시사와 벨라트릭스는 스피너즈 엔드로 스네이프를 찾아가고, 나시사는 그에게 '깨뜨릴 수 없는 맹세'를 요구합니다. 스네이프는 말포이를 지키고 도울 것이며, 나아가 말포이가 사명을 완수하지 못할 때 그것을 대신해서 완수하겠다고 맹세합니다(덤블도어가 누구보다 신뢰하는 스네이프가 말이지요). 그것은 반가운 맹세는 아닙니다.

선을 이루는 세 가지 힘

혼혈왕자에서 최강 레질리먼스를 구가하는 볼드모트는 창이고, 최강 오클리먼스를 구사하는 스네이프는 방패라고 부를 수 있습니다. 세부 능력 면에서 어떤지는 알 수 없지만, 종합적 능력을 보자면 덤블도어가 가장 강력한 마법사일 겁니다. 그렇지만 덤블도어는 너무 늙어서 쇠약해졌으며, 그의 걱정대로 선한 편은 분열되어 서로 간에 의심과 적의가 만연합니다. 그해 비해 죽음에서 돌아온 볼드모트의 주위에는 온갖 힘들이 모여듭니다.

이런 상황에서 해리 포터는 그저 '살아남은 아이'로 의심을 받는 한편, 다른 한편으로 '선택받은 자'로 인식되어 뭇사람의 과도한 기대를 받고 있습니다. 덤블도어는 이 양극단 사이에 놓인 '아이'를 어른으로 만들어 볼드모트에 맞서게 하려 합니다. 그리고 당장 볼드모트의 가장 빼어난 장기에 맞서고자 스네이프에게서 오클리먼시를 배우게 했지만, 전편에서 보았듯 뜻대로 되지 않았습니다.

이번 편에서 덤블도어는 해리를 직접 불러서 생각하고, 생각하고, 또 생각하도록 이끕니다. 이제껏 해리와 적당한 거리를 유지하려던 것에 비하면 전향적이지만, 해리의 기대처럼 막강한 마법 수련을 시키는 대신 온전한 정신을 가지고 올바른 사고를 할 수 있도록 이끌 뿐입니다.

덤블도어는 지난번 마법부에서 벌어진 전투에서 입은 부상이 회복되지 않고 있습니다. 게다가 그의 오른팔은 검게 변해 있고, 곧 알게 되지만 이 상처는 회복될 수 없는 것입니다. 어떤 이유에서인가 호레이스 슬러그혼을 다시 호그와트 교수로 불러들인 덤블도어는, 그가 해리에게 다가갈 것이며 해리 또한 그에게 다가가야 한다고 알려주며 "항상 조심하라"고 이릅니다. 그러고는 버로우에서 해리에게 "예언을 친구들에게 말하라"고 권합니다.

그것은 볼드모트가 퍼뜨리는 불신과 적의에 대항해 우정과 신뢰를 권하는 제안입니다. 해리 또한 슬러그혼이 일으키는 분파에 흔들리지 않고 "사람들은 네가 우리보다 더 멋진 친구를 사귈 거라고 생각하나 봐" 하는 친구들에게 "너희는 멋진 친구들이야. 저 아이들 중 어느 누구도 마법부에 있지 않았어. 나와 함께 싸워주지 않았다고"라며 신뢰를 드러냅니다. 모름지기 친구 사이의 신뢰는 행동에서 드러나는 법이지요.

볼드모트는 자꾸 살인을 저질러서 시체를 늘립니다. 그는 이 시체들을 군대로 사용할 요량입니다. 시체들을 군대로 쓰는 '인페리우스' 마법은 무소불위의 권력을 떠올리게 합니다. 인간이 인간에게 행사하는 힘에는 어떤 것이 있을까요? 볼드모트에게서 그 힘은 '권력'으로 나타나며, 슬러그혼에게서는 '영향력'으로, 덤블도어에게서는 '설득력'으로서 나타납니다. 이 세 가지 힘은 각각 '법칙이나 원칙', '소속감과 친밀감', '타당함에 이르는 신뢰성'에 상응합니다. 이것들은 인간을 행동하게 만드는 세 가지 이유입니다.

슬러그혼은 타인에게 영향을 미치는 방식으로 자기 뜻을 이루려고 하며, 덤블도어는 상대의 자유와 판단을 존중하고, 믿고 기다립니다. 볼드모트는 절대적 명령을 그대로 이행할 것을 타인에게 요구합니다. 따라서 슬러그혼은 덤블도어를 이길 수 없고, 덤블도어는 그 위대함에도 불구하고 볼드모트를 이길 수 없습니다. 덤블도어는 선의로 충만하고 빼어나게 지혜롭지만, 그의 능력은 절대적 확신에서 비롯된다기보다 오히려 결정적 순간에 주저하고 회의하는 데서 비롯됩니다. 그는 모든 것을 알아도 다만 자기 확신을 지킬 수 있을 뿐, 타인에 대해서는 판단을 거둡니다.

아직 해리에게는 '태도'뿐이지만 곧 그도 '능력'과 '이유'를 갖게 될 것입니다. 해리는 케드릭 디고리와 시리우스 블랙의 죽음을 연이어 겪으면서 조급하고 약해졌으며 덤블도어에게 적의까지 품었지만, 지금은 더 성장해서 최선을 다할 수는 없더라도 그를 믿고 따릅니다. 아마 덤블도어가 해리에게 신뢰와 기대를 더 직접적으로 내비치기 시작한 것도 그 이유 중 하나일 것입니다. 덤블도어를 '믿고 따르는' 해리의 태도가, 그가 마침내 배워야 할 것을 배우고 얻어야 할 것을 얻게 해주리라 기대해봅니다.

인간의 연약함

　6학년이 된 해리는 O.W.L.에서 '특출함'을 받지 못한 탓에 마법의 약 수업을 못 듣게 됩니다. 이 때문에 오러, 즉 어둠의 마법사를 잡는 사람이 되지 못할까 염려합니다. 그렇지만 슬러그혼이 마법의 약 담당 교수로 들어오면서, 해리는 자의 반 타의 반 수업을 수강할 수 있게 되었습니다. 해리를 '마법의 약 천재'로 만들어준 정체를 알 수 없는 책도 손에 넣었습니다. 바로 '혼혈 왕자'의 책이지요. 그 덕분에 헤르미온느조차 해내지 못하는 약의 조제를 해리는 정확하게 해냅니다. 교재의 부정확한 부분이나 오류마저 바로잡은 책 속의 깨알 같은 기록은, 이 책의 원 소유자가 보통내기가 아님을 알려주지만 그가 누구인지는 통 알 수 없습니다. 해리는 이 혼혈 왕자의 도움으로 행운의 약 '펠릭스 펠리시스'마저 상으로 받았습니다.

반면 어둠의 마법 방어술을 새로 맡은 스네이프는 학생들을 호되게 몰아붙입니다. "너희들의 방어술은……너희들이 없애고자 하는 그 어둠의 마법만큼이나 유연하고 창의적이어야만 한다." 이것은 D.A.를 만들었던 학생들의 소망이기는 했지만, 어쩐지 스네이프가 이렇게 말하니 떨떠름해집니다.

해리는 학교생활뿐 아니라, 덤블도어와 함께 하는 기사단 일로도 바빠졌습니다. 밥 오그든의 기억을 통해서 마볼로, 모핀, 메로프에 대해서도 알게 되지요. 마볼로는 바로 볼드모트의 외할아버지입니다. 곤트의 집에서 처음 등장한 곤트의 반지는 지금은 덤블도어의 손에 있습니다. 그 반지는 어쩐지 덤블도어를 해치고 지치게 하는 것 같습니다.

덤블도어를 둘러싼 위험은 과거 기억에서도 비추어지지만, 실시간으로도 진행됩니다. 케이티 벨이 호그스미드에서 정체불명의 목걸이를 받고, 린과 승강이를 하다가 그만 목걸이에 손을 댑니다. 아주 살짝 닿았을 뿐이지만 몇 주 동안 입원할 정도로 큰 저주를 입지요. 이 물건은 본래 덤블도어에게 배달될 예정이었습니다.

이런 일에도 아랑곳하지 않고 덤블도어는 해리와 하려고 한 일만을 계속해나갑니다. 그는 자신의 기억을 해리에게 보여주며, 톰 리들이 어떻게 호그와트에 들어왔고, 또 그의 성품과 행실이 어땠는지를 알려줍니다. 자기가 가진 마법의 힘을 자각한 톰 리들은, 이 힘을 남을 조롱하고 겁주고 벌주는 데 사용했습니다. 또 마치 까치처럼 전리품을 모았습니다. 그런 그에게 덤블도어는 호그와트에서는 '마법을 사용하는 법과 아울러 자제하는 법'을 가르친다고 말합니다.

바빠진 건 해리뿐이 아닙니다. 공정함에서 둘째가라면 서러울 헤르미온느가 그리핀도르 기숙사의 퀴디치 팀 선수 선발전에서 혼동 마법을 걸어서 코맥 맥클라건의 실수를 유발시켰습니다. 이로써 론이 선발되었지요. 그런가 하면 슬러그혼의 크리스마스 파티에 같이 갈 파트너로 론을 초대하며 둘 사이가 빠르게 가까워지는 것처럼 보이기도 했습니다.

그러나 딘과 지니의 키스를 목격하고 심란해진 론이 크룸과 헤르미온느가 키스한 적이 있다는 사실에 분개해 라벤더 브라운과 가깝게 지내기 시작하고, 이에 상처받은 헤르미온느는 마법으로 불러낸 새들로 론을 공격하기에 이릅니다.

말포이와 스네이프도 바쁘기는 마찬가지입니다. 스네이프는 말포이에게 조심하라고 경고하고, 깨뜨릴 수 없는 맹세를 한 자신이 그를 도울 수 있도록 말포이가 무엇을 하는지 알려달라고 합니다. 그러나 말포이는 영광을 나누려는 의도라며 비밀을 공유하지 않습니다. 더 나아가 말포이는 스네이프가 어느 편에 서 있는지 의구심을 드러내지만, 스네이프는 간단하게 답할 뿐입니다. "성공하기 위해 꼭 필요한 쇼야, 드레이코!"

그 와중에도 시간은 빠르게 흘러 이제 크리스마스입니다. 해리가 시리우스의 상속자가 되면서 그의 소유가 된 집 요정 크리처는 해리에게 구더기를 선물합니다. 마법부의 새 장관 루퍼스 스크림저는 버로우로 찾아와서 해리가 마법부 편에 서주기를 설득하지만, 해리는 스탠 션파이크를 희생양 삼고 자신은 마스코트로 삼으려는 속셈이라고 그를 비난하고, 자기는 '덤블도어의 사람'이라고 천명합니다. 스크림저는 해리가 어리고 또 어리석다고 못마땅해하지만 강압을 하지는 않습니다. 적어도 그는 전임 장관인 퍼지처럼 비겁하고 치사한 사람은 아닌지도 모르겠습니다.

혼혈왕자에서는 과거의 사건, 현재의 사건, 학교 안팎의 일들 모두에서 맹세들이 깨어집니다. 이로서 우리는 인간의 어리석음을 목도하게 되지요. 사람은 참으로 나약합니다. 쉽게 상처받고 오래 아픕니다. 마법의 세계에서 상처의 흔적은 평범한 머글의 세상에서보다 더 강하게 남아 더 크고 깊은 영향을 미칩니다. 선한 사람도, 악한 사람도 약하기만 합니다. 이 연약한 사람들이 그럼에도 선을 지키기도 하고, 악으로 기울다가 그곳에 빠져버리기도 하는 것입니다.

실천을 위해 명심해야 할 것

 우리는 얼마 전까지 덤블도어의 기억을 따라서 곤트의 집과 옛 호그와트를 오갔습니다. 이제 다른 이의 기억이 필요합니다. 덤블도어는 슬러그혼에게서 얻은 조작된 기억을 보여주고, 톰 리들 2세, 즉 볼드모트가 톰 리들 1세와 자신의 조부모를 살해했음을 알려줍니다. 또 볼드모트가 모핀에게서 검은 돌이 박힌 반지를 빼앗고 그의 기억을 조작해서, 리들 가족 몰살의 책임을 모핀에게 뒤집어씌웠다는 것도 알려줍니다. 그러고는 단독 수업에서 처음으로 해리에게 과제를 줍니다.
 이 신뢰를 두고 전직 교장들은 덤블도어를 비난합니다. 그가 해리더러 슬러그혼의 기억에 접근하라고 했기 때문이지요. 하지만 어쩔 수 없습니다. 슬러그혼의 조작되지 않은 진짜 기억을 가져오기 전까지는 어떤 수업도 쓸모없으니까요. 그렇게 하는 것만이 하나의 무서운 가능성을 확실하게 확인하는 길입니다. 정말로 볼드모트는 호크룩스를 만들었을까요?

6학년이 되자, 만 17세가 되는 학생들은 순간 이동 마법 시험을 치릅니다. 순간 이동 마법에는 3D가 중요하다고 합니다. 그것은 목적지destination, 의지determination, 신중함deliberation입니다. 한편 순간 이동 마법을 하는 것도 아닌 말포이가 자꾸 지도에서 사라지는 게 해리는 의심스럽습니다. 론은 실수로 사랑의 묘약을 마시고 슬러그혼에게서 해독약을 얻는데, 약효가 과해 강장제로 마신 꿀술이 중독을 일으켜서 위석을 먹고서야 겨우 구조됩니다. 론이 마신 꿀술은 슬러그혼이 덤블도어에게 주려던 선물이었습니다. 이 엉뚱한 생일 소동으로 해리는 슬러그혼과 가까워진 한편, 그를 경계하게도 됩니다.

혼혈왕자는 느리지만 맥박이 뛰는 작품이라고 했습니다. 배후에 커다란 줄기가 있지만, 자꾸 주변 이야기가 나와 이것저것 궁금증을 불러일으킵니다. 이제 해리는 학교생활과 덤블도어와의 단독 수업에서 받은 과제, 여기에 또 다른 일이 더해져서 한층 더 바빠집니다. 다른 일이란 바로 크리처와 도비를 보내 말포이를 감시하는 것입니다. 스네이프와 덤블도어가 어떤 일을 두고 서로 언쟁을 했다는 해그리드의 목격담을 들은 게 그 동기입니다. 해리는 덤블도어도 말포이를 의심했고, 그래서 스네이프와 언쟁이 붙은 거라고 생각한 것이지요.

해리가 슬러그혼의 진짜 기억을 알아내는 데 지지부진한 사이, 덤블도어는 몇 가지 기억을 더 보여줍니다. 과거 볼드모트가 호그와트 교수직을 요구했고, 아르만도 디펫 당시 교장이 '너무 어리다'며 거절한 일, 앞날이 창창한 우등생 볼드모트가 뜻밖에도 마법부가 아닌 보진과 버크 가게에서 사회생활을 시작한 일. 헵시바 스미스 부인이 톰 리들에게 헬가 후플푸프의 잔(오소리 문장이 새겨진)과 슬리데린의 목걸이(오팔이 박힌)를 보여주고 며칠 뒤 살해된 일, 이 사건이 집요정 호키의 실수로 판결난 일 등입니다.

볼드모트가 교수직을 바란 것은 미심쩍습니다. 그는 가르치는 데 관심이 없으니, 틀림없이 호그와트에 있는 무언가를 노리고 그런 제안을 했겠지요. 그래서 나중에 덤블도어를 찾아가 다시금 호그와트 교수직을 요구한 겁니다. 그때 볼드모트는 덤블도어에게 말했습니다. "위대함은 질투심을 낳고, 질투심은 악의를, 악의는 거짓말을 낳는다"고요. 그렇지만 덤블도어는 볼드모트의 그간 행적을 위대하다고 보지 않습니다. 볼드모트가 이렇게 생각하는 건 제 행동의 반영입니다. 이제껏 참되게 배우고 크는 대신, 우쭐대고 힘을 휘두르기 위한 거짓 배움을 이어왔기 때문에 생각이 비뚤어진 것입니다. 반면 덤블도어의 생각 또한 그의 모습을 반영합니다. 그는 아주 위대한 마법사로 업적을 쌓고 이름을 드날릴 수 있었지만, 명성 같은 데 연연하지 않았습니다. 그보다는 진정한 배움을 더욱 가치 있게 여겼고, 작은 학교 울타리 안으로 돌아와서 가르치는 삶을 삽니다.

생명은 무한히 살려고 들거나, 유한한 수명을 받아들이고 대신 자손을 남기거나 하는 두 갈래 길을 걷습니다. 영생을 꿈꾸는 것은 대체로 생존하기 어려운 환경에서 나타나고, 자손을 번식시키는 것은 살기 좋을 때 잘 관찰됩니다. 볼드모트는 강한 척하지만 세계를 위협으로 느껴서 생존에 연연하는 것입니다. 그래서 자기를 불멸로 만드는 데 열중합니다. 할 수 있다면 거짓도 마다하지 않습니다. 반면 진정으로 강한 덤블도어는 세상을 애정 어린 눈으로 바라보고 이 세계에 많은 이들이 계속해서 살아가기를 바랍니다. 그에게는 대代를 잇는 것이 훨씬 더 위대한 일입니다. 그는 자기 홀로 드높은 것보다는 청출어람靑出於藍을 지켜볼 기회를 더 나은 것으로 여기고 기뻐합니다. 이런 태도의 차이는 두 사람을 결정적으로 가르는 어떤 힘과 결부된 것입니다.

늘 화장실에서 우는 모우닝 머틀이, 화장실에서 우는 소년(말포이)에 대해서 언급합니다. 해리는 이에 필요의 방에 들어가고자 하지만 방은 열리지 않습니다. 말포이를 추적하고 감시하는 일도 슬러그혼에게서 볼드모트에 대한 기억을 얻어내는 일도 지지부진한 가운데, 해리는 펠릭스 펠리시스 마법약을 마십니다. 그러고는 해그리드의 오두막에 가는 길에 슬러그혼을 만나서 아라고그의 장례식에 간다고 슬쩍 흘립니다. 슬러그혼은 아라고그의 희귀한 독을 얻을 속셈으로 해리와 동행하고, 심지어 장례식 후에는 해그리드와 함께 술을 즐기다가 얼큰하게 취합니다. 해리는 술에 취한 슬러그혼을 설득해서 마침내 그의 기억을 받아오지요. 해리는 마법약의 행운이 끝나기 전에 서둘러 덤블도어를 찾습니다.

호크룩스, 이 위험한 말은 영혼의 일부를 감추는 물건을 가리킵니다. 볼드모트 자신이 '영혼보다도 못하고 유령보다도 더 못한 신세'였다고 말한 적이 있습니다. 그는 본래 죽었지만 호크룩스 때문에 영혼의 일부가 살아남았던 겁니다. 살인을 통해 영혼을 찢어 만든 호크룩스는 온전한 영혼을 담는 그릇이 아니었기에, 볼드모트는 저렇게 비참한 상태였던 것이지요.

슬러그혼의 기억 속에서 볼드모트는 7을 암시했습니다. 하나는 볼드모트 자신의 육체에 깃들었으니, 해리는 이를 제거하기에 앞서 다른 6개의 호크룩스를 없애야만 합니다. 그 6개 중에서 해리는 이미 리들의 일기장을 파괴했고, 덤블도어는 곤트의 반지를 파괴했지요. 따라서 남은 호크룩스는 4개입니다.

덤블도어는 볼드모트가 지닌 자만심과 그의 결의에 비추어보았을 때, 그가 보물을 호크룩스로 삼았을 것이라고 짐작합니다. 따라서 나머지 호크룩스는 후플푸프의 잔, 슬리데린의 로켓, 획득 여부가 불확실한 래번클로의 유물, 늘 곁에 두는 뱀 내기니일 것으로 추측합니다.

이어서 이 작품에서 명언 제조기의 역할을 도맡아온 덤블도어는 가장 심심하고도 가장 위대한 이야기를 시작합니다. 덤블도어는 해리가 지닌 비범한 능력과 힘이 '사랑'이라고 믿습니다. 해리는 물론 어이없어 합니다. 그런 해리에게 그는 '여느 폭군들처럼 볼드모트 역시 최악의 적을 만들었다'고 이야기합니다. 이 말을 들은 해리는 깨닫습니다. 자신이 예언에 묶인 것이 아니라, 자기의 의지로 이 예언에 참가하거나 혹은 불참하는 게 가능하다는 것을 말이지요. 이처럼 자유의지로 행동하는 것과 그렇게 하지 않는 것은 '하늘과 땅만큼이나 다르다'는 것을 안 것입니다.

여기서 잠시 순간 이동 마법에서 중요한 3D를 상기해봅시다. 책에는 의지라고 번역되어 있지만, determination의 본뜻은 '결단력'에 가깝습니다. 의지는 끈질기게 일을 수행하는 힘이고 뜻을 세우는 일에 관여합니다. 반면 결단력은 단호하게 결정하고 확고하게 수행하는 힘입니다. 순간 이동 마법에서 중요한 원칙을 한마디로 '한눈팔지 않는 것'이라고 말해도 좋을 겁니다. 목적지, 결단력, 신중함은 어떤 일을 실천하기 위해 명심해야 할 덕목입니다. 그렇지 않으면 순간 이동 시험을 치르던 학생들처럼 몸의 일부만 옮겨져서 곤경에 처할 것입니다. 여러 교수와 시험관이 입석한 시험과 달리 현실에서라면 회복 불가능한 손상을 입을 우려가 있는 것이지요. 어리고 미숙한 몸과 마음에는 세 덕목 중 하나도 담기 어렵기에, 이 마법에는 유독 연령 제한이 걸려 있습니다.

그렇다면 이 세 가지 덕목을 지키려면(아니면 그저 '한눈팔지 않으려면') 어떻게 해야 할까요? 혹은 세 가지를 단번에 일으키는 단 한 가지 힘이 있다면 그것은 무엇일까요? 오직 사랑밖에 없습니다.

사랑하는 사람은 자신이 아니라 자신이 사랑하는 대상에 기뻐할 줄 압니다. 사랑은 생명과 세대, 너와 나를 이어줍니다. 사랑은 내가 작아지고 심지어 죽음에 이르더라도, 다음 세대가 자라나서 살아가는 것을 기뻐합니다. 사랑의 기쁨은 위대함의 정의를 바꾸며, 목적지를 알게 하고 결단할 수 있게 만들며, 우리를 신중하게 합니다. 그리고 무엇보다 이 기쁨은 마음 깊이 안녕을 줍니다.

사랑하는 사람은 불안하지 않고 자유롭습니다. 해리는 몸으로 완전히 알지는 못했지만, 마음속으로 읽었습니다. 자신이 예언에 묶인 사람이 아니라 자유로운 사람이란 것을 말이지요. 따라서 그는 전과는 다를 것입니다. 이 부분을 제대로 읽었다면, 여러분도 전과 달라질지도 모릅니다.

부득이不得已, 어쩔 수 없는 것

　교장실에서 나온 해리는 화장실에서 우는 말포이를 발견합니다. 말포이가 해리에게 용서받지 못할 저주(크루시오!)를 퍼붓자, 해리는 혼혈 왕자의 책에 적에게 사용하라고 적힌 주문(섹튬 셈프라!)으로 되받습니다. 이 주문에 칼로 벤 듯한 상처가 나면서 말포이는 쓰러지고, 때마침 스네이프가 달려와서 그를 구조합니다. 해리는 스네이프에게 책을 빼앗길까 두려워, 혼혈 왕자의 책을 필요의 방에 감추지만 징계를 피할 수는 없었습니다. 이렇게 해리가 스네이프에게 징계를 받느라 퀴디치 시합에서 빠진 사이, 그리핀도르 퀴디치 팀은 450 대 140의 점수로 우승합니다. 이에 해리는 지니와 기쁨의 입맞춤을 합니다. 이제 해리는 실천할 채비를 갖추었으니까요.

론의 반응은 어땠을까요? 지니와 딘의 키스에는 그렇게 날카롭게 굴던 그가 의외로 이번 일은 순순히 받아들입니다.

롤러코스터처럼 오르락내리락을 반복하던 이야기는 이 기쁨과 수용의 시간 직후, 새로운 사실을 우리에게 알려줍니다. 트릴로니의 예언이 새어나갔을 때, 이 예언을 엿듣고 어둠의 마왕에게 이를 알려준 자가 바로 스네이프였습니다. 그러나 스네이프는, 어둠의 마왕이 예언을 어떻게 받아들였으며 그 결과가 어떠할지를 깨닫자마자 덤블도어를 찾았습니다. 그때부터 덤블도어는 지금까지 한결같이 그를 믿습니다. 해리는 이에 분개해 덤블도어를 힐난하지만, 덤블도어의 여전한 신뢰에 맞서기보다는 마음을 내려놓고 그와 함께 호크룩스를 찾는 모험에 동참하기로 합니다. 이 둘은 호그스미드까지는 걸어가고, 거기서부터 순간 이동을 합니다. 지금 호그와트에서는 순간 이동이 금지되어 있기 때문입니다.

두 사람은 한 동굴에 이릅니다. 그곳으로 들어가서 호크룩스를 찾으려면 보호마법을 뚫고 들어가야 하는데, 그 수단이 '피'라는 것을 발견한 덤블도어는 볼드모트의 유치함을 일갈합니다. 그러고는 "네 피가 내 피보다 소중하다"라며 스스로에게 상처를 냅니다. 갖은 고초 끝에 호크룩스로 보이는 로켓을 가지고 나왔을 때, 덤블도어는 극도로 쇠약해졌습니다. 해리는 그런 그를 부축해서 순간 이동으로 다시 호그스미드로 돌아옵니다.

여기서 질문을 하나 던져보지요. '마법이 반드시 흔적을 남긴다'면 어째서 볼드모트는 이 모든 걸 굳이 덤블도어가 가르친 방식대로 작업했을까요? 그는 덤블도어가 자신을 추적해 무력화할 것이라고 생각하지 않았던 걸까요? 아닐 겁니다. 이유는 자명합니다. 볼드모트는 자신이 만든 것을 누군가 깰 거라고 생각하기에는 자만심이 큰 사람이기 때문입니다. 또 덤블도어가 완벽을 추구하는 만큼 볼드모트도 완벽을 추구했기에 일부러 완벽한 답을 피해서 불완전한 방법을 쓸 수 없었던 겁니다.

파격은 난해하지만 막상 알고 나면 풀기 쉽고, 정석은 설령 알더라도 실력이 없으면 깰 수가 없습니다. 최선의 답은 하나인 것입니다. 이 둘은 너무 다른 사람이지만 둘 다 완벽을 추구했기에 같은 점을 향하고, 결국 둘은 정면으로 겨룰 수밖에 없습니다. 그렇게 해서 일어날 일은 결국 일어나고, 일어날 일들의 한쪽 끝에는 그렇게 할 수밖에 없는 '부득이不得已'에 다다른 사람들이 있습니다. 나머지 사람들이 사건을 우연에 맡기고 이리저리 흔들리는 동안, 이들은 맨 끝에 서서 모든 일의 원인이 되고, 여기서 유래하는 모든 결과를 지켜보고 있습니다. 볼드모트가 다른 방법을 썼더라면 모든 경우의 수를 일일이 확인해봐야 했을 테지만, 자신의 마법을 아무도 깰 수 없다고 믿는 볼드모트로서는 상대가 알 수 없는 우회로를 만들기보다 '상대가 어떻게 할 수 없는' 강력한 마법을 걸고 환히 보이는 큰 문을 닫아걸어 절망을 주는 걸 더 즐겁게 여겼을 겁니다. 답을 아는 이들, 끝에 다다른 이들은 속담처럼 외나무다리에서 만납니다.

한편 사이빌 트릴로니, 이 엉터리면서도 이상하게 위대한 예언자는 '아무리 뽑아도 벼락 맞은 탑이 나온다'고 난감해하는 중입니다. '벼락 맞은 탑'은 아마도 타로 카드에서 'The Tower', 즉 '무너지는 탑'이라고 부르는 패를 말하는 것 같습니다. 벼락 맞은 탑은 확고부동한 것이 무너지는 걸 가리키는데, 탑에 집중하면 '무너짐'이요, 벼락에 집중하면 '무너뜨림'으로 해석할 수 있습니다. 무너짐이라 보면 비극이지만, 무너뜨림이라고 하면 새로운 시작입니다.

새로운 희망이 태어나려면 옛것의 죽음은 피할 수 없습니다. 시인 T. S. 엘리엇이 「네 개의 사중주」에서 노래했듯, '집을 짓는 것은 집을 허물기 위한 것'입니다. 트릴로니가 본 점이 맞을까요, 틀릴까요? 그것은 비극일까요, 희극일까요? 궁금합니다.

한편 해리와 덤블도어는 임무를 완수하고 도착한 호그스미드에서 죽음을 먹는 자의 표식을 목격합니다. 표식을 본 사람들이 호그와트로 달려오고 덤블도어를 구하기 위해 스네이프를 찾지만, 덤블도어는 바로 그 스네이프에게 목숨을 잃습니다. 드레이코 말포이에게 무장 해제당한 뒤, 죽음을 먹는 자들에게 둘러싸인 채였습니다. 해리는 덤블도어의 마법으로 꼼짝 못한 채 숨겨져 이 모든 걸 지켜보았습니다.

덤블도어는 말포이의 음모를 처음부터 알고도 묵인했습니다. 말포이를 믿고 기회를 주려 했던 겁니다. 그러나 이 순간 말포이도 스네이프도, 덤블도어의 믿음을 속절없이 저버리는 것 같습니다.

덤블도어를 약하게 만들고, 어쩌면 죽음에 이르게 한 로켓은 텅 비어 있습니다. 호크룩스는 이미 R.A.B.라는 미지의 인물이 가져간 뒤입니다. 이 가짜를 얻느라 덤블도어가 희생되었다는 사실은 해리의 마음을 더욱 아프게 합니다.

마법이 풀린 해리는 스네이프를 공격하지만 오클러먼시를 제대로 하지 못하기에, 미리 공격을 읽히고 번번이 저지당합니다. 스네이프는 해리가 감히 자기가 만든 주문으로 자기를 공격한다며 격노합니다. 혼혈 왕자는 스네이프였습니다. 세베루스 토비아스 스네이프는 토비아스 스네이프와 에

일린 프린스 사이에서 태어났습니다. 어머니 쪽 혈통이 프린스니 그가 자신의 절반은 왕자라고 여긴 건 과장이 아닙니다. 그러나 진정 그가 왕다운 것은 혈통 때문일까요? 스네이프는 연작 내내 이편인지 저편인지 헷갈리는 모습을 보이다가, 마침내 기사단의 으뜸 덤블도어를 살해하고 도주합니다. 해리가 그를 뒤쫓으며 공격하고 비난할 때, 스네이프는 "날 비겁한 놈이라고 말하지 마!" 하며 노여워합니다. 어쩐지 이 말은 단지 모욕적인 말에 대한 반응이라기보다, 말의 내용을 도저히 받아들일 수 없는 사람의 부정 같습니다.

이어지는 장은 이 짙은 어둠에 이어지기에는 어색하기 짝이 없는 빛입니다. 아침이 왔습니다. 빌은 늑대인간 그레이벡에게 물렸으나 죽지 않았습니다. 흉한 몰골이 되었을 뿐입니다. 그럼에도 플뢰르 델라쿠르의 그에 대한 사랑은 조금도 변하지 않았습니다. 이에 플뢰르를 못마땅해 하던 몰리의 마음이 풀리고, 둘은 얼싸안고 하나가 됩니다.

통스도 갖은 핑계를 대는 리무스에게 이들처럼 사랑을 받아들이라고 호소합니다. 불사조 퍽스는 슬픈 노래를 부르다가 영영 떠나고야 맙니다. 부득이한 일들입니다. 부득이한 것만이 진짜입니다. 우리는 어쩔 수 없어야만 믿을 수 있기 때문입니다. 다른 것들은 기대할 수는 있어도 눈 감고 믿을 수는 없습니다.

덤블도어는 죽었지만, 해리는 그가 준 사명과 비밀이 유효하다고 느낍니다. 맥고나걸에게조차 단독 수업 내용을 감추었으며, 스크림저 장관의 제안도 재차 거절합니다. 덤블도어의 장례식은 기사단과 교수들, 학생들이 모인 가운데 치러졌습니다. 이 자리에서 해리는 그의 위대함과 짓궂음이라는 양면을 추억했습니다.

해리는 이제 나머지 호크룩스를 찾아서 파괴하려고 합니다. 론과 헤르미온느는 해리와 동행해서 이 사명을 완수하겠다고 다짐합니다. 이제 유년기는 영영 끝이 났습니다. 다만 이들은 돌아올 수 있을지 기약할 수 없는 여정에 나서기 전에, 빌과 플뢰르의 결혼을 축하해주어야 합니다. 희망을 붙잡으려는 이들이 희망으로 가득 채우는 행위를 부정할 도리는 없기 때문입니다.

해리포터와 죽음의 성물

“ 죽은 자들을 불쌍히 여기지 마라. **”**
사랑 없이 사는 사람들을 불쌍하게 여기렴.

모으며

점점 가파라지는 이야기 도중, 숨을 고르는 느낌으로 해리포터 연작의 마지막 편 헌사를 읽겠습니다. 이전 편의 헌사들보다 긴 이 글은 여러 명의 이름을 부르고 있습니다. 볼드모트가 일곱 개의 호크룩스를 남겨서 영생을 노린 것처럼, 작가는 이 책을 '일곱 갈래'로 나누어 바칩니다.

*이 책을
일곱 갈래로
나누어 바칩니다.
네일에게,
제시카에게,*

데이비드에게,

켄지에게,

디에게,

앤에게

그리고 당신에게.

만약 당신이

마지막 순간까지

해리와

함께했다면.

여기 언급된 이름들은 이미 전에도 한 차례씩 불린 적이 있습니다. 딱 한 사람, 바로 여러분을 빼고요. 여러분만은 지금 처음 언급되었습니다.

일단 **마법사의 돌** 헌사에서 제시카와 앤, 디 이 세 사람이 언급됩니다. 롤링이 그들을 언급한 것은, 그들이 이야기를 사랑하고 이야기를 가장 먼저 들어주었기 때문입니다. **비밀의 방**은 살길을 터주고, 친구가 되어준 해리스에게 바쳐집니다. **아즈카반의 죄수**는 '스윙의 대모'라는 이유로 질 프리웨트와 애니 켈리에게 작품을 바칩니다. **불의 잔**에서는 추모와 감사의 뜻을 담아 헌사를 했고, **불사조 기사단**은 작가를 황홀한 세계로 이끌어준 남편과 자녀들(닐, 제시카, 데이비드)에게 바칩니다. 켄지는, 롤링이 **혼혈왕자** 헌사에서 책의 쌍둥이라고 칭한 딸 맥켄지를 일컫습니다. 그리고 마지막 **죽음의 성물** 헌사에서 거론된 사람들에게는 한 가지 공통점이 있습니다. 그들이 모두 가족이라는 사실입니다.

번역본은 한 번은 '닐'로, 한 번은 '네일'로 다르게 옮기고 있지만 둘 다 롤링의 남편 Neil입니다. 켄지가 맥켄지를 줄여서 부른 것이라는 것은 앞서 이야기했습니다. 디Di는 롤링이 자기 여동생 다이앤을 정답게 부르는 호칭입니다. 둘은 함께 연극 놀이며 상상 놀이를 같이하며 성장한 사이로, 롤링은 어려서부터 여동생에게 들려주기 위해 이야기를 짓고 썼습니다. **마법사의 돌** 헌사에서 밝혔듯, 디는 해리포터 이야기를 온 세상에서 가장 먼저 들어준 사람이기도 합니다.

앤은 '앤 볼란트', 그러니까 결혼 후 앤 롤링이 된 롤링의 어머니를 일컫습니다. 앤은 딸 롤링이 기차 안에서 처음으로 해리포터 이야기를 떠올리고 쓰기 시작한 그해 12월에 사망했습니다. 롤링은 포르투갈 시절부터 겪던 우울증을 딸 제시카의 탄생에 힘입어 치유했고, 카페에 앉아 유모차에서 아기를 재우며 4년 뒤에나 탈고될 첫 작품을 썼습니다. 그런 그녀가 이 세 여인을 불러낸 것은 어쩌면 당연합니다. 그들은 롤링을 이끌어 이야기의 세계로 풍덩 **빠져들게** 한 사람들이기 때문입니다. 데이비드는 불안정한 생활을 끝낸 롤링이 닐과 재혼해서 낳은 아들입니다. 맥켄지는 막내딸이고요.

제가 **죽음의 성물** 헌사에 언급된 이들의 공통점이 가족이라고 했지요? 이제 롤링은 어머니와 여동생, 두 딸과 아들 그리고 남편에 더해 자신의 가족을 확장하기로 했습니다. 그래서 헌사에 가족이 되는 법을 소개합니다. 만약 여러분이 '마지막까지 해리와 함께했다면If you have stuck with Harry, until the very end'이라고요. 작가는 이를 마땅하고 옳은 일이며 매우 좋은 일로 여긴 게 틀림없습니다.

작가는 이야기의 주인이 누구인지 압니다. 롤링은 첫 작품을 처음 자기 이야기를 들어준 이들에게 바쳤습니다. 마지막 작품은 계속해서 이야기할 수 있게 해준 이들, 즉 이야기의 맨 끝까지 꼭 붙어 함께한 이들에게 바칩니다. 그들이 바로 이야기의 주인이고, 작가에게는 가족과 같은 존재이기 때문입니다.

앞으로 어떤 끔찍한, 혹은 어떤 황홀한 일과 마주치더라도 여러분이 이 이야기와 꼭 붙어 있기를 바랍니다. 그것으로 우리는 가족이 됩니다. 한 이야기를 읽으면 그 이야기는 반드시 그것을 읽은 사람 안에서 흐르고, 같은 이야기를 읽은 사람 사이에는 유사한 이야기가 흐르게 되기 마련이니까요.

풀며

 해리포터 연작은 선과 악을 비교적 간명하게 나눔에도, 양극을 빼고 나면 흐릿한 중간 지대가 나옵니다. 덤블도어와 볼드모트는 매우 선명하게 선과 악을 대변하지만, 나머지 인물들은 그렇지 않지요. 그럼에도 대략적으로 선한 쪽과 악한 쪽을 가르는 건 어렵지 않습니다. 다만 스네이프만은 예외입니다.
 그는 단지 선과 악이 섞여 있는 정도가 아니라, 선과 악 양쪽의 우두머리, 양쪽의 정수精髓로부터 가장 인정받고 신뢰받습니다. 그리고 양쪽 모두의 일을 주도적으로 거듭니다. 그러므로 '그는 결국 누구인가' 하는 문제는 적잖이 골치가 아픕니다. 그런데 지금 우리가 생각하는 방식이 올바른 걸까요? '그는 결국 누구인가'에 답하기 위해서 우리는 조금 멀찍이 가보아야 하겠습니다.

둘의 방식 : 이원론

우리는 매사 한 올의 불편도 없도록 나는 선, 너는 악 하면서 적군과 아군을 나누는 데 여념이 없습니다. 사실 만사를 최대한 단순화시키면 사물을 이해하는 데는 편하겠지요. '오컴의 면도날'을 끌어들이지 않더라도, 같은 일을 설명하는 데 더 적은 설명이 가능하다면 그것은 대개 좋게 여겨집니다. 심지어 가장 단순하고 명쾌한 설명이 옳은 답일 때가 많지요. 이런 사실은 지난 세기 우리가 이성을 신뢰하다 못해 칼처럼 휘두르고 총처럼 쏘아 대는 걸 주저하지 않게 했습니다. 말 같지 않은 말, 무슨 말인지 모르겠는 말, 실제로 증명할 수 없는 것은 없애버리려 했지요. 유럽의 대학들은 100년이 넘도록 실증주의를 주창한 오귀스트 콩트의 동상을 학내 한가운데 세우기를 주저하지 않았습니다. 그러나 그 동상은 지난 세기 후반에 그의 고향 프랑스에서조차 철거되었습니다. 명백해 보인다고 그게 곧 사실은 아닙니다.

사람들이 세상을 설명하기 위해 근본적 원리를 추구한

건 오래된 일입니다. 음양오행론陰陽五行論이나 고대 희랍 철학자들이 선호한 사대설四大說이 그렇습니다. 그렇지만 넷, 다섯, 너무 많지요? '하나'는 설명될 수 없습니다. 하나가 가장 적지만 하나는 정확히 '바로 그것'이기 때문에 달리 풀어 버리는 순간 설명하는 말들은 '그것'이 아니게 되어버립니다. 제가 깃발이라고 쓰거나 깃발 모습을 그려 보이더라도, 그것은 깃발이 아닌 것과 같습니다. 위에 소개한 사상들은 근본적으로 이원론입니다. 설명할 수 있는 것치고는 가장 간결한 방식입니다. '이것이다, 아니다'에 기초한 생각입니다.

셋의 방식 : 삼원론

반면 조금 이상한 생각도 있습니다. '이것이다'와 '이것이 아니다' 사이에 있거나, 혹은 이 사이를 벗어나 이 둘을 관통하며 '이고-아니다'를 포함하는 생각입니다. '맞으면 맞고 틀리면 틀린 거지, 있으면 있고 없으면 없는 거지 이게 웬 뚱딴지같은 소리람?' 하고 뜨악한 표정을 지을지도 모르겠습니다. 하지만 생각해보세요. 가운데 선을 긋고 이쪽과 저쪽을 나누었을 때, 그 선은 과연 이쪽일까요, 저쪽일까요? '이'와 '저' 사이에서 '와'에 주목하고 그것을 들여다본 사람들은 설명할 수 없는 하나와 뚜렷이 설명할 수 있는 둘 말고도 다른 게 있다는 걸 알았습니다. '사이'에 있으며 '새' 것인 것. 이것을 받아들이면 삼원론이 될 것입니다.

그런데 실제로는 이것이 일원론입니다. 왜냐하면 셋을 받아들인 사고방식, '이'와 '저'만 아니라 '이-와-저'로 세계를 바라보기 시작한 사람들의 눈에는 다른 세상이 펼쳐졌기 때문입니다. 세상만사가 어느 하나에 고정되지 않고 전부 연결되며, 이것은 저것이 되고, 저것은 이것이 되어서 끊임없이 자리를 바꾸고 변화해간다는 사실을 발견하고 믿으면서, 이제 세계는 음양陰陽이니 사대四大니 하는 것으로 환원되지 않고도, 제 모습을 가진 채 고스란히 녹아들어 서로 하나일 수 있었습니다.

동아시아에서는 이런 생각을 천지인삼재天地人三才라고 불렀습니다. 하지만 이런 개념을 몰라도, 난데없이 마당에 있던 빗자루가 말을 하고, 구름이나 돌멩이가 불평하고, 호랑이가 벌떡 일어나 앉아선 뻐끔뻐끔 담배를 피워대는 옛이야기에 익숙한 우리는 이미 천지인삼재의 방식으로 생각하고 느껴왔습니다. 우리는 이야기 속에서 일상의 사물이나 주변의 동식물, 심지어 구름이나 바람, 또 어떤 때는 자루에 담아두었던 '이야기'가 불쑥 끼어들어 말을 하고, 솥이 불이 뜨겁다며 투덜대는 것을 아무렇지도 않게 받아들입니다. 보르헤스라면 마술적 리얼리즘이라고 불렀을 법한 이런 특성들을,

세상의 질서를 어지럽히는 게 아니라 본래 질서를 고스란히 드러내는 것으로 자연스럽게 받아들입니다.

하늘도 변치 않고, 땅도 저 스스로는 변하지 않지만, 사람만은 부지런히 바뀌고 또 바꿉니다. 사람이 변화하면 하늘님도 마음을 움직여서 죽은 사람을 살리고, 땅이 감복해서 한겨울에 복숭아를 내주기도 합니다. 하늘같던 신분 질서나 윤리 도덕도 사람들이 마음을 바꾸면 그에 따라 변해왔습니다. 노예가 사라지고 일상의 폭력이 물러간 것도 그렇게 해서 이룬 것입니다. 힘센 사람만 잘사는 게 아니라 힘없는 사람도 고루고루 잘살도록 바꾸어가는 것도 우리가 사람이니까 할 수 있는 일입니다. 바꿀 수 없다면 짐승과 다를 게 없습니다. 우리는 세상에 적응만 하는 게 아니라, 보고 듣고 시키는 대로만 사는 게 아니라 스스로 생각해서 자신을 바꾸고 세계를 재구성합니다. 그런 우리 본성의 힘에 날개를 달아준 건 이야기입니다. 즉 서로가 건네는 말과 글이었지요.

이야기에 숨은 셋의 방식

하나의 이야기가 성립하려면 세 가지가 필요합니다. 셋이 어우러져야 서로를 증언하고 서로서로 힘을 실어줄 수 있습니다. 셋이어서 하나가 됩니다. 하나의 이야기가 태어나서 살아 숨 쉬려면 첫째, 위치를 부여하고, 둘째, 능력을 부여하며, 셋째 태도를 결정해야 합니다.

위치를 부여한다는 것은 콕 찍어 중심을 이루게 하거나 Locating, 중심을 비우고 상황을 통해 중심이 작동하게 만드는 것입니다 Situating. 이야기 속에 직접 언급이 되든 말든 위치는 늘 부여됩니다. 우리는 잔인한 볼드모트보다 인자한 덤블도어에 공감하고, 해리를 응원하면서도 무언가 잘못된 선택을 하지 않기를 바라고, 그가 옳지 않은 데로 기우는 것 같으면 탄식하기도 합니다. 죽음의 성물에서 호크룩스를 찾아 떠난 동안 세 친구의 우정이 시험받는 듯한 장면이 묘사될 때마다 우리의 가슴은 졸아듭니다. 어떤 일은 좋고 어떤 일은 나쁘다는 걸, 이야기가 말해주기 전에 우리는 이미 알고 있습니다. 그렇게 선악의 방향이 미리 부여된 채 이야기가 흘러갑니다.

능력을 부여Empowering한다는 건 동시에 조건을 부여Conditioning하는 것입니다. 능력은 나와 타자의 특성이자 동시에 일을 수행하는 데 전제된 조건이니까요. 해리포터의 세계에는 작가가 일일이 소개한 이 세계의 법칙이 있습니다. 세상에는 마법사와 머글이 있고, 마법사 중 마법을 쓰지 못하는 스큅도 있고, 머글 가운데서도 빼어난 마법사가 나올 수 있습니다. 킹스크로스 역에서는 호그와트로 가는 열차가 운행하고요. 그렇지만 작가가 그건 이렇다고 하나하나 일러주지 않은 나머지에 대해서도 우리는 균열을 느낄 틈 없이 잘 이해하고 자유롭게 상상합니다. 작품 속에서 말하여지지 않은 건 작품이 묘사하는 상황을 통해서, 혹은 독자 자신이 살아가는 세계의 경험을 통해서 알게 됩니다. 독자는 척하면 척하고 알아들으며 이 세계의 규칙이 뒤죽박죽 엉키지 않는 한, 사건을 이해하고 인물의 처지나 마음에 공감합니다.

태도를 결정Determining한다는 건 결국 개성을 갖추는 Individuating 것입니다. 인물들이 수업 종이 울리는 대로 똑같이 따라 움직이기만 하면 우리는 그들 각자를 기억하지 못합니다. 반면 인물이 말을 하고 행동하기 시작하면, 거기서 드러나는 태도를 통해 우리는 그가 누구인지 인식합니다. 그들이 태도를 결정하면 개성을 구성하고 식별되는 것입니다. 결정하는 행위가 쌓여갈수록 그가 누구라는 것이 분명해지고, 우리는 그의 어떤 면에는 공감하고 다른 면에는 눈살을 찌푸립니다. 그러다가 애정이 싹트면 그를 응원하거나 나무라기도 합니다. 어떤 친구는 드레이코 말포이가 안타까워서 변호해주고 싶을 것이며, 누군가는 처음부터 스네이프가 그럴 수 있다고 생각하면서 해리가 좀 삐딱한 게 아닐까 의문을 품습니다. 혹자는 위즐리네 쌍둥이 형제가 나오기만을 기다리며 서둘러 책장을 넘기기도 했을 겁니다. 네빌이 어서 변화해서 뭐든 해내기를 바라는 친구들도 많았을 겁니다. 이러다가 누군가 행실을 고치고 다른 선택을 하면 감탄하기도 하고요.

위치 부여와 능력 부여(조건 형성), 태도 결정-개성화, 이 세 가지에는 위계가 있습니다. 개성은 모두 좋은 것이지만 이야기에서 부여된 능력과 조건에 따라 제한됩니다. 해리와 론이 자동차를 강가로 몰면 하늘을 날아가는 능력 때문에 신나는 모험처럼 느껴지지만, 여느 머글이 자동차를 타고 강가로 돌진하면, 추락하도록 조건 지어진 한계 때문에 사고가 벌어지기 전에 이미 끔찍한 마음이 듭니다.

능력과 조건은 일이 되고 안 되고를 결정합니다. 웜테일이 볼드모트를 당해낼 리 없고, 안타깝지만 맥고나걸이 갑자기 볼드모트를 쓰러트릴 리 없습니다. 건물이 부서지면 아래로 무너져 내리지 허공으로 둥둥 떠다닐 리 없습니다. 해리는 덤블도어의 죽음을 목격할 때처럼 스네이프가 죽을 때도 바라만 보는데, 전자는 덤블도어의 힘으로, 후자는 볼드모트의 힘 때문에 그런 것이므로 그의 행동은 나쁘게 읽히지 않습니다. 능력은 조건이고, 우리는 조건을 넘어서서 태도를 요구하지 않습니다.

　이야기 속에서 능력은 위치에 의해 제어됩니다. 해리 포터의 힘이 세어지면 세어질수록 기쁘고, 볼드모트의 힘은 세어지면 세어질수록 마음이 어두워집니다. 심지어 태도도 위치에 의해 제어됩니다. 만약 볼드모트가 한결같이 우아하고, 가장 꼴찌 부하의 잘못에 관대해 그를 위로하며, 그의 희생에 비통해한다면 우리는 매우 당혹스러울 것입니다. 반면 덤블도어가 전쟁에서 이기려면 희생에 신경 쓸 겨를이 없다며, 마법사들에게 총출동을 명령하고 기사단원이나 일반 주민의 희생에 무관심하게 그려진다면 어떨까요? 우리는 그들에게 부여된 위치를 파악하고 있고 누가 더 선하고 누가 더 악한지 이미 묶어두었기 때문에, 그들의 개인적 행동에서 나타나는 선악조차 이야기를 읽는 우리를 불편하게 하고 얼어붙게 할 수 있습니다.

　그런데 이 위계에는 새로운 부분도 있습니다. 이야기의 어느 시점에서 참으로 쓸모없고 얄밉던 사람, 또는 아주 나쁘게 여기던 사람이 태도를 바꾸면 이로써 그의 위치가 바뀝니다. 말포이는 아이들 사이에서 악역이었지만, 사실 그가 남을 해칠 만큼 완강한 마음을 지니지 않았고, 해리를 구해주었다는 것까지 알게 되면, 우리는 어쩐지 그가 안쓰러워 잘되기를 바라게 됩니다. 그런 드레이코를 작중에서 해쳤다면 우리는 작가에게 잔인하다는 의심을 보낼 수도 있었을 겁니다.

그런가 하면 태도는 능력을, 능력은 위치를 바꾸어 보이기도 합니다. 네빌은 점점 더 적극적이고 진실된 모습을 보였기 때문에, 그런 그의 능력이 높아져가는 것을 독자는 순순히 받아들입니다. 마침내 그가 그리핀도르의 검을 꺼내 단숨에 내기니의 목을 떨어뜨려도 우리는 기뻐할 뿐 어이없어 하지 않습니다. 물론 우리의 마음이 준비되어 있기도 합니다. 번개 모양 흉터는 해리가 아니라 네빌의 것일 수도 있었다는 것을 예언을 통해 알고 있으니까요. 그렇더라도 네빌이 일곱 편에 걸쳐 자신의 능력을 차곡차곡 쌓지 않았더라면, 우리는 선이 이기고 악을 벌준다는 아이디어에 공감하면서도 어쩐지 해리의 것이어야 할 공적, 아니면 적어도 헤르미온느나 론에게 주어져야 할 영광을 네빌 롱바텀이 가져가는 것 같아 찜찜해 했을 수 있습니다. 마지못해 박수를 치는 마음으로요. 그러므로 위치를 부여하고 능력을 부여하고 태도를 결정하는 세 가지 일이 잘 이루어질 때, 비로소 이야기는 우리를 설득할 수 있습니다.

해리포터 연작을 이끄는 숨은 원리

해리포터 연작에서는 이 세 가지 작용이 세 개의 사물과 연결되고, 특히 세 인물 속에 오롯이 담깁니다. 죽음의 성물 세 가지는 흥미롭게도 동양에서 전통적으로 천지인삼재의 상징으로 여긴 형상을 그대로 빼닮았습니다. 하늘-땅-사람에 차례대로 원방각圓方角(동그라미꼴-네모꼴-세모꼴)이 대응합니다. 작품에서 원圓은 부활의 돌, 방方은 딱총나무 마법 지팡이, 각角은 투명 망토입니다. 부활의 돌은 절대적인 위치, 즉 생사를 결정하고, 딱총나무 마법 지팡이는 무적의 마법 능력을 부여해주며, 투명 망토는 가고 싶은 대로 자유롭게 가도록 해줍니다.

죽음의 성물에서 위의 성물들은 정말로 제 역할을 하며

이야기를 완성시킵니다. 그러나 우리가 쉽게 떠올리는 방식대로는 아니었습니다. 해리는 부활의 돌을 쓰지 않고 버림으로써 그 역할을 완수했으니까요.

보다 흥미롭고 의미심장한 것은 인물들입니다. 덤블도어는 한결같고 분명하고 마치 모든 걸 다 아는 것처럼 모두를 이끌고 이어주며 희망을 품게 했습니다. 언뜻 그가 호그와트와 불사조 기사단과 마법 세계 전체에 위치를 부여하는 것처럼 보입니다. 그렇지만 그는 위대한 업적을 쌓는 대신 학교로 돌아가 현자의 모습을 하고 지혜라는 능력, 관대함이라는 능력을 베풀고 물려줍니다. 이게 그의 본모습입니다. 그는 하늘을 배후에 둔 거대한 땅입니다.

해리 포터는 밑바닥부터 점차 능력을 키우면서 자꾸 한계에 부딪쳐서 울고불고 난리지만, 그 와중에도 점차 한 사람의 어엿한 어른이자 '나다운 나'로 자라납니다. 그는 누군가의 기대나 우려 때문이 아니라, 자연스럽게 우러나는 자신의 생각과 마음으로 하고자 하는 일을 합니다. 그의 그런 모습은 우리 모두를 기쁘게 합니다. 처음에 우리는 그가 새로운 마법을 배우고 멋지고 힘든 모험을 완수해내서 그에게 끌리는 줄로 알았지만, 사실 우리의 마음을 흔든 건 그의 능력이 아니라 그가 내린 결정들이었습니다. 그는 흔들리며 나아가는 사람입니다.

그리고 또 한 사람이 있습니다. 그는 그저 여러 사람 중 하나처럼 보였습니다. 혹은 이도 저도 아닌 어정쩡한 사람으로 보였지요. 그래서 우리는 차라리 그를 뱉어내고 싶어 했고, 그가 확실하게 나쁜 사람이어서 마음 놓고 미워할 수 있기를 내심 바랐습니다. 그런데 그는 사람의 가면을 쓴 커다란 무엇이었습니다. 마법 중의 마법이라 할 그 무엇에 자신과 자기의 시공간과 마음의 바람까지도 송두리째 바치고 내어준 사람입니다. 그래서 그는 하늘입니다. 그 안에서 모든 것이 가능했고 그 안에서 비로소 모든 것이 펼쳐졌습니다. 그는 이 이야기의 모든 부분에 낱낱이 위치를 부여했지요. 가장 은폐된 인물인 세베루스 스네이프는 가장 그윽하고 가장 강력합니다. 그를 제외한 나머지 모든 것을 위치 지었으니 말입니다.

우리가 사건과 작용을 관계나 상호작용으로 보지 않고 이미 결정되어 똑같은 것을 반복하는 사물로 바라본다면, 우리는 스네이프를 '원인'이라고 불러도 좋을 것입니다. 오, 가엾은 톰 리들! 그는 자기가 모든 일을 벌였다고 믿고 싶겠지만, 이야기를 펼친 것은 사실 세베루스 스네이프입니다. 스네이프의 결정과 헌신이 아니었다면 모든 일은 다르게 전개되었거나 아예 아무런 일도 벌어지지 않았을 겁니다. 우리가 읽어야 할 그 어떤 이야기도, 그 어떤 이름 한 줄도 쓰여지지 않았을 것입니다. 마지막 편이 되어서야 드러나는 스네이프의 참모습은, 실은 연작을 처음 기획할 때부터 정해져 있었고, 롤링은 해리포터 연작이 영화로 제작될 때 스네이프 역을 맡은 배우에게만 따로 이 모든 진실을 미리 알려주었다고 합니다. 배우가 이후에 돌이켜봐도 모순되지 않는 연기를 할 수 있도록 말입니다. 그러나 우리는 이 사실을 모른 채로 마지막까지 지켜보았지요.

스네이프는 릴리 포터, 즉 해리의 어머니를 사랑했습니다. 그의 사랑은 사건의 계기이며, 그 사람의 존재와 생이 의도하는 전부입니다. 그의 사랑이 이 이야기의 원동력입니다. 저는 해리포터 연작의 참이름은 '세베루스 스네이프의 극진한 사랑 이야기'라고 주저 없이 말합니다. 그러나 그가 숨어야 이야기가 성립하고, 그를 숨겨야 우리가 이야기를 타고 갈 수 있었습니다.

스네이프가 초지일관했다는 것을 강렬하게 드러내는 **죽음의 성물**의 대화 하나를 소개합니다. 덤블도어가 묻자, 스네이프가 답합니다.

"그럼 아직도?"

"언제까지나요."

그토록 원하지만 그는 스스로 할 수 없습니다. 스네이프는 위치를 결정짓지만 그 조건을 만드는 능력은 모자랍니다. 그래서 조건을 형성할 수 있는 자, 능력을 가진 자를 찾아갑니다. 연작 후반에 드러나듯, 실제로는 가장 먼저 벌어진 이 만남으로 알버스 덤블도어는 사건이 올바르게 도착지에 이르기를 바라며 만반의 준비를 하고, 갑니다.

해리 포터는 스네이프의 의도가 피워내는 꽃입니다. 이 꽃의 뿌리는 스네이프, 줄기는 덤블도어지요. 해리 포터가 어떤 태도를 취하느냐에 따라 스네이프와 덤블도어를 거쳐 내려온 사랑, 어머니의 사랑과 어머니를 향한 사랑이 끝내 성공할 수도 기어코 실패할 수도 있습니다. 거울을 마주한 듯 닮은 이들의 사랑은 유사 아버지들을 통해 수행되고 있지만, 그들이 아무리 그 사랑을 주려 해도 해리가 받아들이지 않으면 헛수고입니다.

오해는 마세요. 덤블도어, 스네이프와 해리가 꼭 그래야 하는 게 아니라, 그들이 그 자리에 들어선 것입니다. 그들이 그 자리에서 그 역할을 하면 우리가 아는 이야기가 성립하고, 그렇지 않으면 전혀 다르고 씁쓸한 이야기만 남았을 것입니다. 이렇게 누군가 서야 할 자리를 만든 것, 혹은 그들을 그

자리에 세운 것이 첫 번째 사랑입니다. 뜻하지 않았으나, 질기고 크고 깊어 마르지 않고 이어진 사랑. 볼드모트는 기껏 위대함이 시기와 질투, 악의와 잔인한 마음을 일으키는 것을 알아차리고 깨달은 듯 굴었지만, 스네이프가 깨닫고 지켜낸 사랑이야말로 온갖 제약을 초월해 생명을 무궁무진하게 낳고, 낳고, 또 낳습니다.

아버지들

　이야기에서 먼저 등장하는 건 알버스 덤블도어입니다. 물론 **마법사의 돌** 제1장에서 제임스 포터가 언급되기는 하지만, 그는 죽은 자로서 이야기에 직접 참여하지 않습니다. 제임스는 관찰될 뿐이지요. 반면 덤블도어는 관찰될 뿐 아니라 이야기에 참여합니다. 그는 이야기 속에서 또 다른 이야기를 꺼내놓습니다. 이게 가능한 것은 그가 살아 움직이는 인물이자, 해리를 더즐리 가족에게 위탁한 장본인이며, 해리를 위해 온갖 것들을 긴 시간에 걸쳐서 차근차근 준비한 인물이기 때문입니다.

　그는 볼드모트와 릴리 포터에 의해 조건화된 것들을 올바로 해석하고(그 스스로는 추측guess이라고 합니다), 그 추측을 재

확장해서 올바른 조건을 형성하며, 그것들이 잘 작동하도록 감시하고 조정하는 역할을 맡습니다. 따라서 이야기의 판을 짠 사람은 바로 덤블도어입니다. 그러나 실제로 그속에서 임무를 실행하며, 이야기의 향배를 정할 수 있는 사람은 해리 포터뿐입니다.

해리 포터의 친부가 부재한 자리에는, 스승인 덤블도어와 법률적 후견인이 될 수 있는 대부 시리우스 블랙, 오직 애정과 우정으로 연결된 해그리드가 있습니다. 해리는 이들을 '먹고' 자랍니다.

덤블도어는 안정된 조건을 만들기 위해 가능한 오래 버티지만, 시리우스는 그보다는 일찍 죽습니다. 그는 많은 것을 생각하고 많은 사람을 진정으로 사랑하지만, 반면 여전히 좀 철이 없습니다. 시리우스는 죽음으로써 해리의 반면교사 反面教師가 된 것입니다. 즉 '네(해리)가 그런 행동을 하면, 내(시리우스)가 죽는다'는 것을 보여준 셈이지요. 물론 시리우스가 그걸 의도했다는 말은 아닙니다. 이야기가 필연에 의해 시리우스를 죽이고, 시리우스의 죽음을 그렇게 읽히게끔 우리 앞에 펼쳐 보인 것입니다. 결국 해리는 이로써 어떤 각성을 하게 되고, 이 각성이 덤블도어의 구상을 순순히 수용하는 인내로 작용합니다. 사실 덤블도어는 이렇게 되기를 기다리며 그 긴 시간을 버티고 버텼습니다.

『닥터 스트레인지』(2016)에 등장하는 '에인션트 원'의 말을 빌리자면, '용납할 수 없는 것을 용납'함으로써(할리우드판 실사 영화 말고, 만화와 애니메이션에 등장하는 장면입니다) 해리는 자기 어머니가 자기에게 걸었던 마법을 재현합니다. 그 마법은 사랑하는 이를 위해 기꺼이 죽는 것에서 비롯합니다. 이는 죽음을 두려워하는, 그래서 남들도 죽음을 무서워할 것이라고 믿는 볼드모트의 태도와 대비됩니다.

최후의 대결에서 볼드모트는 해리에게 살인 주문(아바다 케다브라)을 쏘지만, 해리는 고작 무장 해제 주문(엑스펠리아르무스)을 쏠 뿐입니다. 이 대결의 초반에 해리는 자기가 죽었고, 그렇게 죽음을 선택함으로써 호그와트 친구들 모두에게 볼드모트가 해칠 수 없는 보호막이 쳐졌다고 선언합니다. 독자는 그것을 따로 확인할 길이 없지만, 아마 사실로 받아들여도 좋을 것입니다.

해리는 볼드모트가 갖지 못한 것, 나아가 그가 바라지도 않았던 것들을 가졌습니다. 어머니에게서 내려온 사랑, 론, 헤르미온느와의 깊은 우정, 도비나 크리처의 충심, 네빌, 지니, 루나를 비롯해 덤블도어의 군대에 합류한 모두가 보내는 특별한 신뢰와 애정.

해리포터 연작은 일곱 편 내내 '우정과 용기'를 이야기하는데, 여기에는 '정직과 희생'이 필요합니다. 동료에게 폐를 끼치는 것을 수용하는 법과 용납할 수 없는 것을 용납하는 법을 배우는 게 정직에 포함된다는 것은 흥미롭다면 흥미로운 지점이지요. 여러분에게도 누군가의 죽음을 받아들여야 할 때와 누군가에게 여러분의 죽음을 받아들이라고 말해야 할 때가 올 것입니다.

해리는 대부인 시리우스 블랙은 물론이고, 아버지의 절친한 벗 리무스 루핀도 잃습니다. 해리에게 무조건적인 사랑을 베푼 덤블도어도, 선악의 분별을 넘어서 이 모든 이야기의 시초를 이룬 스네이프도 또한 죽습니다(그의 패트로누스가 암사슴이라는 것을 기억합시다). 스네이프는 맨 처음의 그 사랑을 그대로 간직한 채 해리를 지켜주고 돌보아주었습니다.

뿐만 아닙니다. 함께 정을 나눈 집요정 도비도 잃습니다. 비록 적이지만 시리우스의 사촌이자 동시대의 상징 같은 벨라트릭스 레스트랭도 죽고, 가족 같이 지내던 위즐리가의 쌍둥이 중 하나인 프레드도 죽지요. 해리의 상실은 이전 세대의 종말을 의미합니다. 한 세대가 죽고 다음 세대가 태어나고 있습니다. 물론 톰 마볼로 리들도 옛날이야기 속으로 걸어들어갑니다. 남은 이야기는 그의 자리를 더는 마련하지 않았습니다.

해리포터 연작에서 우리는 이야기를 구성하는 씨줄과 날줄을 발견합니다. 수직의 씨줄은 그동안 보이지 않았는데, 그것을 발견한 순간 우리는 그것이 이야기 전체에 탄성을 부여하고 있었음을 알았습니다. 그 씨줄은 흔들림 없이 매순간 현재에 쏟아져내리고 있었습니다. 씨줄은 '살림生'이라는 일관된 방향을 타고 흘러갔습니다. 시간 축을 따라서 바라볼 때 그것은 만사를 잇고 있었습니다.

해리는 아버지와 어머니를 잇고, 전대의 사랑을 잇고 있습니다. 해리는 수용하고 수난하고 희생함으로써 구원합니다. 그렇게 결국 자기 운명을 선택합니다. 그의 수직적 운명 혹은 사명은 '살아남는 것'입니다. 그리하여 대를 잇는 것이지요. 이 통시적通時的 잇기를 시작한 사람이 바로 스네이프입니다(그가 릴리의 희생에 앞서 덤블도어에게 요청해 릴리, 제임스, 해리를 살리는 데 착수하지요). 해리가 그 사실을 받아들이고 그것을 이어받자 마침내 스네이프가 시작한 일은 완수됩니다.

수평의 날줄은 사건을 통해 매번 발현되었기에 계속해

서 우리 눈에 보였습니다. 그것은 공시적共時的으로 모두를 잇습니다. 그리하여 모두를 북돋웠습니다. 해리 포터는 그가 만나는 이들을 좋아하기도 싫어하기도 했지만, 끝내 모두의 존엄을 인정합니다. 그 본보기가 덤블도어였습니다.

덤블도어는 해리 포터 이야기의 바깥에서 이미 경험하고 성찰한 일들을 통해서, 모두를 믿고 아끼기 시작했습니다(이 사실은 죽음의 성물에 이르러서야 회상의 형식으로 술회될 뿐이지만요). 그 한결같음은, 해리가 '덤블도어의 그런 어리석음이 결국 그 자신(덤블도어)을 죽음으로 몰아넣었다'고 하면서도 결국 받아들인 방식입니다. 사실 '수평적으로 모두를 이어, 함께 존엄해지는 것'은 덤블도어를 위시한 불사조 기사단 전반이 공유한 가치이기도 합니다.

킹슬리는 포터 워치 방송에서 "마법사 우선은 순수 혈통 우선, 그리고 그다음에는 죽음을 먹는 자로 향하는 지름길"이라는 점을 역설했습니다. 그리하여, 힘든 시기를 보내고 있는 마법사들이 자기만을 지키거나 숨는 대신, 머글을 보호하는 데 나서기를 촉구했습니다. 이 수직과 수평, 씨줄과 날줄 사이에서 정작 매 순간을 결정하는 고통은 해리의 몫인데, 그럼으로써 두 축을 이해하고 발견하고 다시금 수용하는 교차점 또한 해리 포터입니다.

이처럼 흔들리는 중심인 해리가 나아가고 물러서기를

반복하며 자리를 바꾸어가다가, 그 출렁임의 극점에서 정확한 자리를 찾는 순간 볼드모트와 정면으로 맞서게 됩니다. 그 결과 해리는 죽고, 역설적으로 해리는 살게 되는 것이지요. 해리는 끝내 볼드모트를 패배시키고 모두를 살게 합니다.

해리포터 연작은 삶과 세상이 '결정된 것이 아니라 결정하는 것'이라고 줄기차게 이야기합니다. 또 우리가 '위대한 사랑'의 신비 아래서 살아가야 한다고, 우정과 신뢰로 강하게 결속해야 한다고 일러줍니다. 그렇게 사는 것은 우리 자신이고, 그렇게 살기 때문에 우리가 사람인 것이지요. 해리포터는 한 사람의 서사로 보편을 이야기합니다. 정말 고전의 방식입니다.

스네이프에 대해서 더 이야기하고 싶습니다. 스네이프는 판단하지 않습니다. 자신이 할 일과 그에 따른 행동과 책임은 판단하고 결정하지만, 덤블도어에게도 해리에게도 그는 어떻게 하라고 요구하지 않습니다. 그는 질문과 간섭을 구분할 줄 아는 드문 사람입니다. 그것은 정말로 용기 있는 사람만이 지닐 수 있는 덕목이며 능력입니다.

스네이프는 자기가 시작한 일을 자기가 끝맺을 수 없다는 것을 받아들일 줄도 압니다. 그는 심지어 보호를 약속한 보호자가 그 약속을 완수하지 못하고 떠나도 흔들리거나 원망하지 않습니다. 그가 오클리먼시의 귀재일 수 있는 것은, 감정이 없어서가 아니라 감정을 깊이 이해하기 때문입니다. 그는 감정을 잘 알고, 감정에 사로잡히지 않습니다. 볼드모트가 아무리 레질리먼시에 탁월해도, 결국 드러냄과 감춤이 똑같은 근원에서 나오는 것이기에 인간성에 대해 올바른 인식을 가진 쪽이 불완전한 인식을 가진 쪽을 압도합니다.

덤블도어는 스네이프를 믿었으므로 문제가 없지만, 볼드모트는 스네이프를 지배하려고 하기에 결국 그를 진정 알지 못한 채로 최후를 맞습니다. 해리는 덤블도어와 스네이프를 받아들일지 말지 결정하면 되었습니다. 오직 자기의 자유로운 선택에 맡겨져 있었습니다. 그리고 해리가 어떤 선택을 했는지는 19년 뒤 그의 모습에서 나타납니다.

해리의 맏이는 제임스지만, 둘째의 이름은 알버스 세베루스입니다. 처음 태어난 아기에게는 자기 육신의 아버지 이름을 붙였지만, 그다음 태어난 아기에게는 자기 정신을 태어나게 해준 아버지들의 이름을 붙인 것입니다. 무엇보다 해리는 세베루스 스네이프가 다름 아닌 용기 있는 사람이라는 걸 알고 있습니다. 그것도 자기가 알고 있는 '가장 용감한 사람'이라는 것을 말이지요. 언제부터 알았는지 모르지만, 해리는 제대로 알고 있는 것입니다.

    목적지의 구체적 모습을 짐작할 수 있는 자로서 덤블도어의 용기나, '올바름'을 지향하고 달려가는 해리 포터의 용기는 사실 불완전한 부분을 외부에 의탁하기에 미완의 용기입니다. 반면 자신이 바라고 선택했기 때문에, 일에 대한 확증, 호응, 이해 없이도 그것을 수행하기 위해 모든 위험과 오해를 감내하는 스네이프의 용기는 자기 완결성을 가지고 있습니다. 그럼에도 이뿐이라면 폐쇄적이고 제한적 용기라고 할 수 있지만, 스네이프는 그가 용기를 내는 목적인 '희망'은 오롯하게 타자에게 내맡깁니다. 스네이프는 헐뜯을 만한 결함과 과오가 많은 사람이지만, 어쩌면 그래서 더욱 그 용기의 참됨을 의심할 수 없습니다. 그것이 참사랑에서 나왔다고 보지 않고서야, 그의 미비한 점들에 스스로 걸려 넘어지지 않은 것을 도저히 설명할 수 없기 때문입니다. 세베루스 스네이프는 바닥부터 하늘까지 전부를 열어서 보여주었고, 그 하늘로 해리가 우리와 함께 날아 올랐습니다.

    과거 트위터에서, 작품이 말포이의 관점에서 서술되면 어땠을까 하는 독자들의 호기심 어린 질문이 있었고, 이에 롤링이 각 편의 제목을 바꾸어 응답한 적이 있습니다. 이처럼 해리포터 연작은 얼마든지 새로운 내러티브를 입을 수 있는 작품이지만, 그 어떤 경우보다도 세베루스 스네이프의 관점에서 쓰여질 때 가장 완벽할 것입니다. 왜냐하면 해리포터 연작은 '살아남은 아이'가 '사랑받은 한 사람'으로 온전하게 자라나는 이야기이며, 그렇다면 '온전하게 사랑한 한 사람'과 그를 '살아남게 한 사람들'이 있을 것이기 때문입니다. 서사는 끝에 완성된 게 아니라 처음부터 완성된 것이었습니다. 마치 안토니오 가우디가 천장에 매달아 늘어뜨린 구조물을 바닥에 비추어 그 되비친 형상대로 '사그라다 파밀리아 Sagrada Familia'를 설계하고 건축했듯, 이야기가 갖춘 필연이 가능한 무수한 서사들 가운데 하나로 모여 꽃핀 것입니다.

사실 다른 방식으로 '다시 이야기'할 때는 이야기의 원형이 훼손될 위험이 상존하지만, 만일 '세베루스 스네이프의 극진한 사랑 이야기'가 된다면 이것은 도리어 해리포터 연작을 마침내 완성시키는 이야기가 될 수 있을 것입니다.

여러분은 어떤 이야기를 의도하고, 어떤 계기를 이웃에게 줄 수 있을까요? 여러분은 어떤 조건을 만들 생각이며, 어떤 세계를 타인에게 보여주고 싶은가요? 마침내 여러분은 어떻게 그것을 실행하고 어떤 현상을 우리 앞에 펼쳐 보일까요?

하나는 분명합니다. 물려주는 쪽이든 물려받는 쪽이든, 이을 것은 이어야 하지만 끊을 것은 끊어버려야 합니다. 업의 힘業力으로 결정된 삶이 아니라 본래 가지고 태어난 힘願力으로 결정하는 삶을 살아갈 때, 다음 세상은 이전 세상과 다른 새로운 세계가 될 것입니다.

    저 멀리에서 여러분에게 이어진 이야기가 다시 다른 이에게로 이어지고, 거듭 온 세상으로 퍼져나가기를 마음 깊이 바랍니다. 또 그것이 좋은 것이기를요.

마치며

이제 끝났습니다. 예, 이게 다입니다. 나머지는 여러분 안에 있을 겁니다. 여러분이 써서 저에게 주셔도 좋습니다. 그런데 아직 책을 덮지 않는 당신은 누구인가요? 제게 남은 시간이 더 있는 건가요? 제가 여러분과 같이 읽을 수 있는 게 더 있을까요?

우리는 오직 세 가지만 쓸 수 있습니다. '사실'과 '느낌'과 '생각'입니다. 또 우리는 오직 세 가지 방식으로만 읽을 수 있습니다. '안에서in' 읽고, '통하여per' 읽고, '함께cum' 읽는 것이지요. 그럼으로써 세 천신天神을 만납니다. 그들은 언뜻 보면 관문을 지키는 무섭게 생긴 문지기지만, 나중에는 칼 대신 장미 꽃다발을 들고 우리를 맞아줍니다. 그들은 우리 발을 떠받들고 시중듭니다. 그들은 각각 위치를 부여하고 능력을 부여하고(조건을 형성하고), 태도를 결정하도록 돕습니다. 우리는 비로소 '나'가 됩니다. 마치 모세 앞에 나타난 히브리인의 신이 그랬듯 '나는 나다'라고 말할 수 있습니다.

저는 해리포터 이야기 안에서 사실과 느낌과 생각을 길어내고, 그곳에서 확장된 질문을 던졌습니다. 그런데 이 이야기에 깃든 어떤 숨결, 우리를 살아 있게 하고 더 생기롭게 하는 것들은 다른 이야기에도 담겨 있습니다. 이야기들은 서로를 직접 참조하지 않았어도, 시대와 언어를 넘어서 연결되어 있는 것 같습니다. 마치 어릴 때 헤어져서 서로를 모른 채 살아간 쌍둥이가 마침내 만나서 둘이 너무도 똑같이 느끼고 생각하는 데 깜짝 놀라는 것처럼요. 세상의 좋은 것들은 같은 씨앗에서 난 듯, 다 다르면서도 다 같습니다. 그래서 우리는 '같이' 읽어야 하고, 그럼으로써 어느 하나만 보았다면 알아차리지 못했을 것들을 더 분명하게 찾아 읽을 수 있습니다.

저는 '현현당'이라는 공부 집단을 운영하면서 같이 읽기를 시작했습니다. 저와 처음으로 해리포터 이야기를 같이 읽은 사람들은 초등학생부터 중학생, 고등학생, 대학생 그리고 직장인에 이르기까지 다채로웠습니다. 우리는 7주간 해리포터를 읽고 이어서 매주 차례로 「십계명」과 「사랑의 이중계명 二重誡命」, 보조국사 지눌이 쓴 『권수정혜결사문勸修定慧結社

文」, 율곡 이이의 『격몽요결擊蒙要訣』과 「미국독립선언문」, 「한살림 선언」을 같이 읽었습니다. 그리고 우리 세계의 수많은 사람들이 놀랍도록 같은 것을 바라보고, 같은 것을 찾았으며, 너무나 자연스럽게 같은 것을 바란다는 것을 알았습니다. 또 우리가 읽은 것들이 우리에게 힘을 준다는 사실도 깨달았습니다. 저는 이런 깨달음이, 글을 읽는 누구에게나 햇볕처럼 쏟아져 내린다고 믿고 있습니다. 우리가 할 일은 무얼 보태는 게 아니라 빛을 가리는 덤불을 치우는 것뿐인지도 모르지요. 그러니 무엇이든 손에 들고 읽으세요. 종이에 쓰인 글들을 당신의 마음에 쓰세요. 그러면 다가오는 계절에 예기치 못한 꽃을 보게 될지도 모릅니다.

만일 해리포터가 삶을 바꿀 수 있다면

초판 1쇄 발행 2017년 10월 18일

지은이 | 이제월
펴낸이 | 박지석
마케팅 | 권지은
본문 조판 | 채현주
펴낸곳 | 도서출판 항해

전화 | 070-4233-6884
팩스 | 0505-333-6884
이메일 | hhbooks@naver.com
블로그 | http://blog.naver.com/hhbooks
페이스북 | facebook.com/h2book

ISBN 979-11-960757-2-9 03800

이 도서의 국립중앙도서관 출판예정도서목록(CIP)은 서지정보유통지원시스템 홈페이지(http://seoji.nl.go.kr)와 국가자료공동목록시스템(http://www.nl.go.kr/kolisnet)에서 이용하실 수 있습니다.(CIP제어번호: CIP2017024285)

* 도서출판 항해는 독자 여러분의 참신한 원고를 기다립니다. 한 권의 책으로 완성될 수 있는 기획과 원고가 있으신 분은 연락처와 함께 위의 메일 주소로 보내주세요.